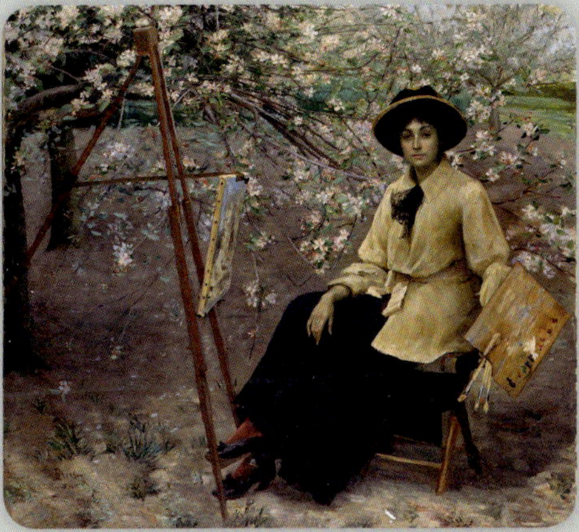

»Hier gibt es viel für Kopf und Augen zu entdecken ... ein interessanter Streifzug durch ein wenig bekanntes Kapitel der Kunstgeschichte.« FÜR SIE

Frauen hatten noch bis in die 1930er Jahre hinein große Hindernisse zu überwinden, wollten sie ihre künstlerischen Ambitionen verfolgen. Diejenigen, die diesen Weg dennoch gehen wollten, mussten sich zunächst von ihren Familien emanzipieren, um dann als »Malweiber« verspottet zu werden. Da ihnen bis 1919 die Aufnahme in die Akademien verwehrt wurde, blieb ihnen nur die Möglichkeit, an privaten Malschulen Unterricht zu nehmen. Doch all das hinderte die leidenschaftlichen Künstlerinnen nicht, bei Wind und Wetter mit Staffelei und Leinwand ins Freie zu ziehen und zu malen. Sie reisten in Scharen nach Paris und erlebten am Montmartre, in Ateliers und in den Salons künstlerische Inspiration und oft eine persönliche Befreiung. Einige wie Paula Modersohn-Becker oder Gabriele Münter erlangten große Bekanntheit, andere, wie Käthe Kollwitz, waren schon zu Lebzeiten hochgeachtet. Die meisten Malerinnen aber sind heute vergessen.
Dieses Buch widmet sich Leben und Werk berühmter wie gänzlich unbekannter Malerinnen aus Deutschland, Österreich und der Schweiz.

Katja Behling studierte Medizin und Germanistik in Hamburg. Sie arbeitete einige Jahre in der Kinder- und Jugendpsychiatrie, seit 1998 ist sie als Autorin zahlreicher Bücher und als Medizin- und Kulturjournalistin tätig, u. a. für das Wochenmagazin *tachles* und das jüdische Monatsmagazin *Aufbau*. Katja Behling lebt mit ihrem Mann und ihrer Tochter in Hamburg.

Anke Manigold studierte Kunstgeschichte, klassische Archäologie und romanische Philologie und promovierte 1986 in Göttingen. Sie arbeitet als Autorin und seit 1987 auch als Kulturjournalistin, u. a. für *Die Welt*, *Die Zeit* und *Brigitte*. Anke Manigold lebt mit ihrem Mann und ihren drei Kindern in Hamburg.

insel taschenbuch 4225

Katja Behling, Anke Manigold

Die Malweiber

Der 2009 im Verlag Elisabeth Sandmann erschienene Originalband wurde für die Taschenbuchausgabe um einige Porträts gekürzt.

7. Auflage 2024

Erste Auflage 2013
insel taschenbuch 4225
Insel Verlag Berlin 2013

Vertrieb durch den Suhrkamp Taschenbuch Verlag

Umschlag, Innenseiten und Satz:
Pauline Schimmelpenninck Büro für Gestaltung, Berlin
Druck: *Pustet, Regensburg*
Printed in Germany ISBN 978-3-458-35925-8

Insel Verlag Anton Kippenberg GmbH & Co. KG
Torstraße 44, 10119 Berlin
info@insel-verlag.de
www.insel-verlag.de

Katja Behling · Anke Manigold

Die MALWEIBER

Unerschrockene Künstlerinnen um 1900

Insel Verlag

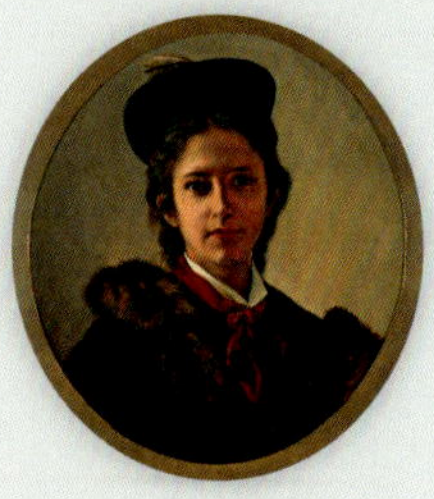

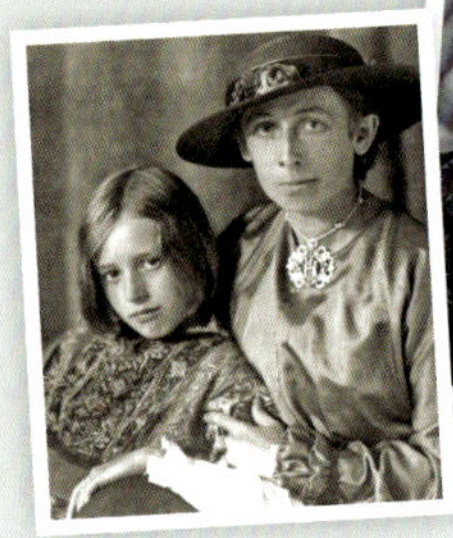

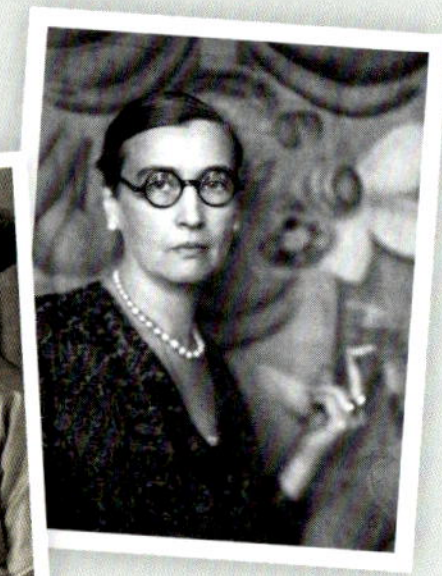

Auftritt der Frauen 9

Worpswede und Fischerhude

Paula Modersohn-Becker 24

Marie Bock 28

Clara Rilke-Westhoff 34

Hiddensee, Ahrenshoop und Nidden

Katharina Bamberg 40

Elisabeth Büchsel 43

Clara Arnheim & Henni Lehmann 47

Anna Gerresheim 53

Elisabeth von Eicken 56

Helene Neumann 61

Hamburg und Dänemark

Alma del Banco 65

Anita Rée 68

Käte Lassen 70

Berlin

Julie Wolfthorn 76

Augusta von Zitzewitz 80

Clara Siewert 83

Charlotte Berend-Corinth 86

Käthe Kollwitz 89

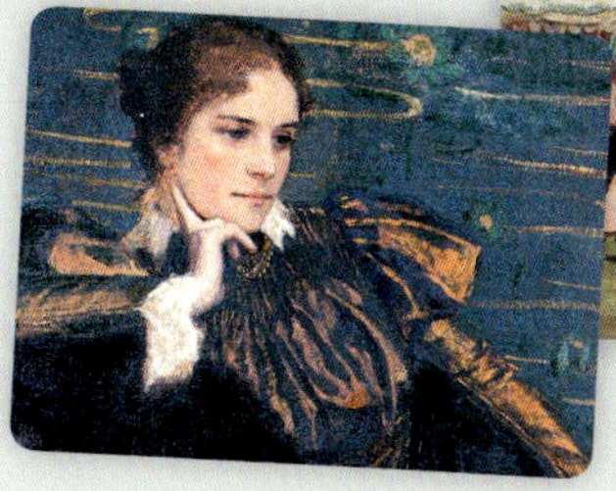 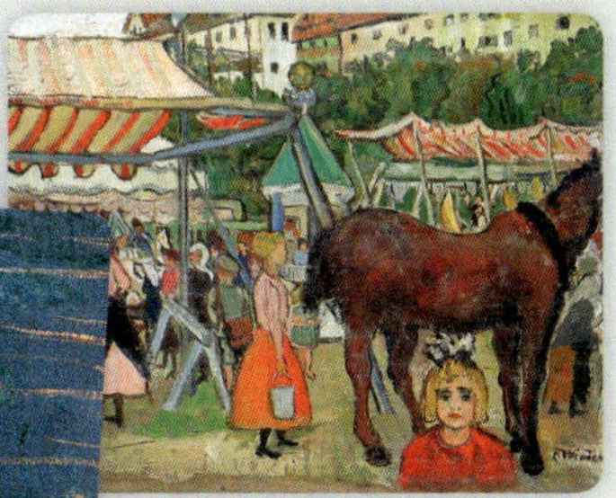 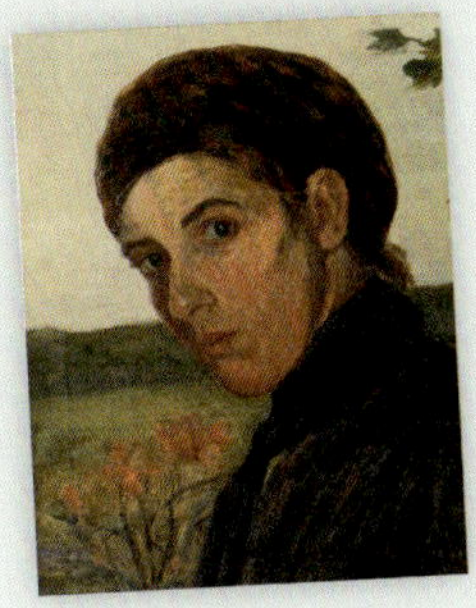

Dachau

Anna Klein 94
Maria Langer-Schöller 97
Paula Wimmer 99
Johanna Oppenheimer 102

München und Murnau

Marianne Werefkin 107
Gabriele Münter 112

Zürich

Sophie Taeuber-Arp 119
Clara von Rappard 124
Louise Breslau 129

Wien

Broncia Koller 136
Tina Blau 140
Helene Funke 142

Nirgendwo zu Hause

Marie-Louise von Motesiczky 147
Else Lasker-Schüler 150

Verzeichnis der Museen 154
Register 156
Bildnachweis 158

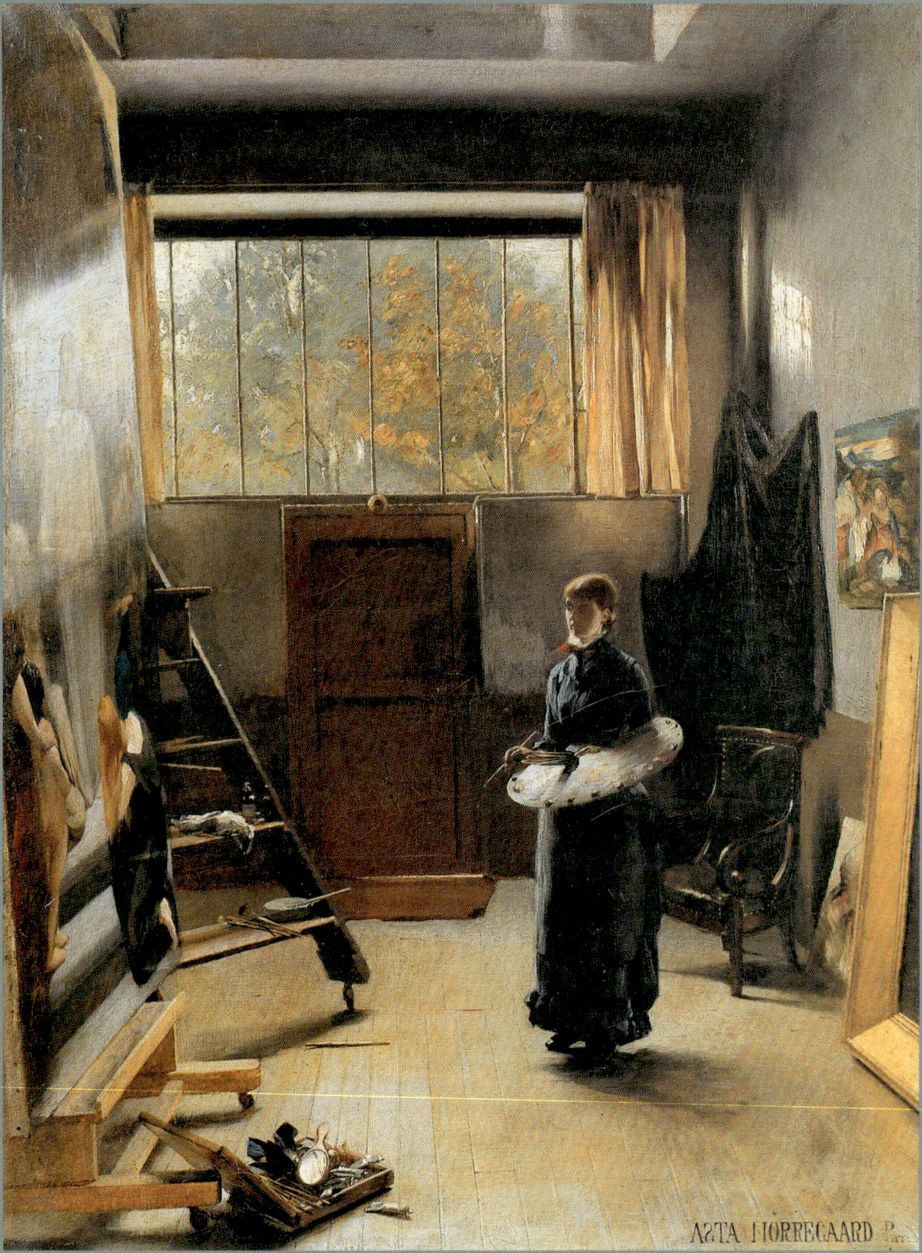

VOM MALWEIB
ZUR KÜNSTLERIN

AUFTRITT DER FRAUEN

Seit etwa dem 16. Jahrhundert lassen sich Spuren von international erfolgreichen Malerinnen verfolgen, die talentiert und mutig genug waren, sich in der patriarchalisch geordneten Welt als Künstlerinnen durchzusetzen. An den Höfen wurden sie gefeiert und umschwärmt, vor allem wenn sie Können, Charme und Schönheit in Einklang brachten. So standen Angelika Kauffmann, die berühmte Porträtistin der Goethe-Zeit, oder die dem Hof der Marie-Antoinette verbundene Elisabeth Vigée-LeBrun hoch in der Gunst ihrer Zeitgenossen. Diese Frauen aber bildeten über Jahrhunderte die Ausnahme. Die oft vorzügliche Ausbildung von Töchtern der adligen Gesellschaft und des gebildeten Bürgertums in den verschiedenen Kunstgattungen war keineswegs verbunden mit professionellen Ambitionen. Beschäftigung mit Kunst diente den Frauen der Zerstreuung und der Reputation.

In der zweiten Hälfte des 19. Jahrhunderts traten Künstlerinnen erstmals in großer Zahl in die Öffentlichkeit. Noch ohne Zugang zu den Kunstakademien und vom Kunstmarkt wenig beachtet, begannen sie, sich eine professionelle Ausbildung und gesellschaftliche Anerkennung zu erstreiten. Als 1849 im Katalog der englischen Firma »Winsor & Newton« eine Staffelei mit integriertem Hocker insbesondere auch als »bequemer Apparat für den Gebrauch zeichnender Damen« angeboten wurde, hatte man begonnen, malende Frauen zumindest als Konsumentinnen wahrzunehmen. Um 1855 wurde in London die »Society of Female Artists« gegründet, 1867 der »Verein Berliner Künstlerinnen« mit seiner angegliederten Zeichen- und »Malschule des Vereins der Künstlerinnen und Kunstfreundinnen in Berlin«; 1882 folgte die »Damenmalakademie des Münchner Künstlerinnen-Vereins«. Die Künstlerinnen schlossen sich zusammen, um gemeinsam gegen ihre Ausgrenzung aus dem Kunstbetrieb zu kämpfen. Doch bis man die »Lady Sketcher« gesellschaftlich wie künstlerisch wirklich respektierte und als professionelle Künstlerinnen ernst nahm, sollte noch mehr als ein halbes Jahrhundert vergehen. Zumeist ledig und außerhalb bürgerlicher Normen, standen sie noch 1900 mangels offizieller akademischer Ausbildungsmöglichkeiten vor der Herausforderung, sich die erforderlichen Kenntnisse selbst anzueignen, um ihren Traum vom Künstlertum erfüllen zu können.

Paris, die Stadt der künstlerischen Avantgarde

Eine wichtige Rolle in dieser Entwicklung spielte Paris, das sich in der zweiten Hälfte des 19. Jahrhunderts in eine moderne Metropole verwandelt hatte. Die Stadt versprach ein Leben in Freiheit und am Puls der Zeit. Bücher und illustrierte Zeitschriften, die damals verstärkt aufkamen, berichteten zunehmend über das aufregende Leben der Kunststudentinnen an der Seine. Atelier, Cabaret und Künstlercafé wurden zu magischen Chiffren, zum Synonym romantischer Träume.

Paris war vor allem die Stadt der künstlerischen Avantgarde, die Geburtsstätte des Impressionismus. Der radikale Bruch mit der akademischen Malweise begeisterte viele der jungen Künstlerinnen und bot ihnen die Möglichkeit, nach eigenen Ausdrucksmitteln zu suchen. Zu den Wegbereiterinnen der neuen Kunstform gehörte die mit dem Maler Édouard Manet befreundete französische Malschülerin Berthe Morisot. Manet, der neue, zeitgemäße – großstädtische – Themen und Motive mit tradierten, aus früheren Epochen der Kunstgeschichte entlehnten Darstellungsmöglichkeiten verband, war einer der großen Impulsgeber. Er nahm in der impressionistischen Künstlerszene eine Sonderstellung ein und galt als umfassend gebildeter Intellektueller, der in engem Austausch stand mit den wichtigsten Literaten, Denkern und Kunstkritikern seiner Zeit. Durch ihn wurde Berthe Morisot Mitglied des Künstlerkreises um Camille Pissarro, Edgar Degas und Paul Cézanne, die zu den bedeutendsten Malern des ausgehenden 19. Jahrhunderts gehörten. 1874 war Berthe Morisot an der ersten Ausstellung der Impressionisten beteiligt. Im selben Jahr heiratete die Dreiunddreißigjährige Manets Bruder und beteiligte sich bis 1886 an allen Gruppenausstellungen der Impressionisten. Und in dem Maße, in dem die moderne Malweise schrittweise Anerkennung erfuhr, wuchs auch der Respekt für Berthe Morisot.

Gewissermaßen war das der Durchbruch, nicht nur für Morisot, sondern für die Malerinnen überhaupt. Auch Mary Cassatt, Eva Gonzalès, Marie Bracquemond und Marie Bashkirtseff gehören zu den bekanntesten Künstlerinnen, die in der zweiten Hälfte des 19. Jahrhunderts ihre künstlerischen und beruflichen Ziele sehr engagiert verfolgten und dabei weniger die Welt der Männer als die der Mädchen und Frauen motivisch in den Mittelpunkt stellten. Die Russin Marie Bashkirtseff, die 1877 in die Stadt an der Seine gekommen war, studierte in der Frauenklasse der Académie Julian und brachte in ihren Tagebüchern den Konflikt zwischen den Erwartungen ihrer wohlhabenden Familie und ihren eigenen Zielen zum Ausdruck. Als sie 1884 mit Mitte zwanzig an Tuberkulose starb, hatte sie bereits über zweihundert Werke geschaffen, die, posthum ausgestellt, auf große Bewunderung stießen. Marie, die ein so kurzes, aber kreatives Leben geführt hatte, wurde rasch zur Kultfigur und zum Vorbild für jüngere Künstlerinnen. In Marie Bashkirtseffs Tagebuch, das 1891 auf Deutsch erschien, konnten Frauen über Freud und Leid angehender Künstlerinnen in den Frauenateliers im Paris des späten 19. Jahrhunderts lesen. Paula Modersohn-Becker schrieb 1898 in ihr eigenes Diarium: »Tagebuch der Marie Bashkirtseff. Ihre Gedanken gehen in mein Blut über und machen mich tief traurig. Ich sage wie sie: Wenn ich erst etwas könnte! So ist es eine schmähliche Existenz. Man hat nicht das Recht, stolz aufzutreten, weil man selbst noch nichts ist.« Immer mehr junge Frauen hatten den Wunsch und den Mut, um ein solches Künstlerinnendasein zu kämpfen. Sie waren bereit, den Preis dafür zu zahlen: Häufig entsagten sie für die Malerei einer eigenen Familie, lebten in einem konfliktreichen Widerspruch zwischen ihrem Partner und dem Dasein für die Kunst.

Anziehungspunkt junger Malerinnen: die Akademien an der Seine

Paris war im 19. Jahrhundert der einzige Ort in Europa, der auch Frauen akzeptable Möglichkeiten einer künstlerischen Ausbildung bot, wenngleich ihnen auch hier ein staatlicher Abschluss verwehrt blieb. »Versammeln wir uns, um uns zu zählen und zur Wehr zu setzen. Vereinen wir uns zum aufrechten Kampf.« Was klingt wie ein Schlachtruf zu den Waffen, war ein 1881 an ihre Mitstreiterinnen gerichteter Appell der Bildhauerin und Kunsterzieherin Madame Léon Hélène Berteaux, der ersten Präsidentin der »Union des Femmes Peintres et Sculpteurs«, sich als Künstlervereinigung zu organisieren. Mit energischen Kampagnen bekundeten Frauen, dass sie nicht länger gewillt waren, den Ausschluss aus der offiziellen Kunstszene schweigend hinzunehmen. Die professionellen Künstlerinnen forderten das Recht auf die bestmögliche Ausbildung, die Aufnahme an Akademien und in Künstlerorganisationen, das Recht, in Ausstellungsjurys vertreten zu sein und an Wettbewerben teilnehmen zu können. Kurzum: Gleichberechtigung.

Die Pariser École des Beaux-Arts öffnete sich ab 1897 auch für Frauen, blieb aber dessen ungeachtet als Institution mit Monopolstellung einer äußerst konservativen Kunstauffassung verhaftet. Die Malschüler an der École, die aus der früheren Königlichen Kunstakademie hervorgegangen war, wurden fast ausschließlich im Zeichnen nach antiken Gipsen und den alten Meistern sowie im Aktstudium ausgebildet. Was fehlte, waren individuelle Förderung und die Gewährung künstlerischer Freiheit. Alternativen für diejenigen, die zur altehrwürdigen École des Beaux-Arts nicht zugelassen wurden, boten die zahlreichen Damenklassen in Privatakademien. Obwohl es dort oft nur karge Ateliers, mehr oder minder sporadische Korrektur durch einen Lehrer und auch kaum Möglichkeit zum Aktstudium gab, entwickelten sich die Akademien zu Treffpunkten junger Künstler und zu Laboratorien neuer künstlerischer Ideen. Besonders populär waren die Académie Julian und die Académie Colarossi, in denen Frauen sogar das Aktzeichnen ermöglicht wurde. So entwickelte sich Paris zum Schmelztiegel einer internationalen Gemeinde von kunstinteressierten Frauen. Um 1900 sollen jährlich allein rund dreihundert Amerikanerinnen nach Paris gekommen sein, um ein künstlerisches Studium aufzunehmen – und viele blieben. Die Amerikanerin Mary Cassatt war eine der wenigen Künstlerinnen ihrer Zeit, der es bereits möglich gewesen war, an einer

Kunstakademie zu studieren, denn die Pennsylvania Academy of the Fine Arts in den USA öffnete ab 1844 – lange vor den europäischen Pendants – ihre Pforten auch für Frauen. Cassatts Studienplan glich dem der männlichen Kollegen. Bis auf einen delikaten Unterschied: Ihre Zeichenklasse musste sich mit bedeckten Modellen zufriedengeben. Zum Aktstudium eines nackten Modells waren Studentinnen erst ab 1868 zugelassen.

Private Malschulen – eine kostspielige Alternative

In Deutschland gab es für Frauen kaum offizielle akademische Ausbildungsmöglichkeiten. Ein Besuch von Lehrerinnenseminaren oder einer Kunstgewerbeschule diente vornehmlich der Vorbereitung auf eine pädagogische Laufbahn wie die der Zeichenlehrerin, eine der wenigen anerkannten beruflichen Möglichkeiten für Frauen. Bedeutende Malerinnen, freie Künstlerinnen, gingen aus diesen Seminaren in jenen Jahren nur selten hervor. Nach 1870 tat sich für Malinteressentinnen neben dem herkömmlichen Weg über Familienateliers und Privatstunden sowie Praktika in Künstlerateliers ein weiterer Weg zum Berufskünstlertum auf: die Frauenklassen. Private Malschulen nahmen jeden auf, der Talent besaß, und gaben, anders als die Akademien, auch Frauen Gelegenheit, sich zur Malerin auszubilden. Ende des 19. Jahrhunderts blieb den künstlerisch ambitionierten Frauen also nur die Möglichkeit einer privaten und damit kostspieligen Ausbildung, sei es in der Stadt oder auf dem Land. In München gab es besonders viele Privatklassen, die bayerische Hauptstadt war um 1900 eines der Zentren für Kunststudenten. Vor allem die bürgerlichen Familien konnten es sich leisten, das künstlerische Talent ihrer Töchter auf privater Basis zu fördern. Gleichwohl belächelte so mancher Zeitgenosse die eifrigen Damen, die sich in den Ateliers an Pinsel und Leinwand zu schaffen machten oder mit Malkittel und Sonnenschirm ausschwärmten. Häufig sah man in ihnen nur eine talentierte Dilettantin, die sich mit den schönen Künsten beschäftigt, bis der geeignete Ehemann gefunden war. Der Münchner Journalist und Schriftsteller Fritz von Ostini spitzte es 1914 in seinem Artikel »Das Münchner Malweibchen« zu: »Malweibchen«, so war zu lesen, nenne der Münchner »so ziemlich alles, was ihm an weiblichen, meist jüngeren Wesen begegnet, die sich unter irgendeinem künstlerischen Vorwand im schönen München ausleben und in Lebensführung und Exterieur vom gutbürgerlichen Frauentypus abweichen«. Ostini war zu diesem Zeitpunkt nicht der Einzige, der nicht an eine Zukunft dieser malenden Lebedamen glaubte. »Ist die Zeit des Gängelbandes vorbei«, vermutete er, verschwinde das Malweib von der Bildfläche, »dann taumelt sie im Irrgarten der Malerei herum, hilflos.« Doch – statt zu taumeln – gingen viele von ihnen festen Schrittes neue Wege.

Deutsche Künstlerinnen auf dem Weg zur modernen Kunst

Um 1890 brach in Deutschland der Konflikt zwischen akademischer und moderner Kunst offen aus. Die Kontroversen gipfelten 1898 in der Gründung der sich vom dominierenden Kunstbetrieb abspaltenden Künstlergruppe »Berliner Secession«. Für die Künstlerinnen war die Teilnahme an dieser Bewegung nicht nur ein Ringen um ihren Platz in der modernen Kunst, sondern auch in der modernen Welt. Auch deswegen wirken gerade die Bilder der Malerinnen jener Zeit – allen voran von Paula Modersohn-Becker – so viel eigenwilliger, radikaler, mutiger und zukunftsweisender als die vieler ihrer männlichen Kollegen. In ihrer Radikalität brachten sie bestehende Vorstellungen über die Kunst und über das Leben ins Wanken, verwarfen nahezu gänzlich den abendländischen Kanon. Die moderne Malerei vieler Künstlerinnen ist spätestens ab dem frühen 20. Jahrhundert in bis dahin unbekanntem Ausmaß auch eine Metapher für die gewaltigen Erschütterungen, die diese Zeit prägten. Sie erzählt von Veränderungen und Neuerungen, kündet von Wandel und Ungewissheit – und von grenzenlosen Möglichkeiten des Ausdrucks.

Nach den Umwälzungen durch den Ersten Weltkrieg, nach der Revolution von 1918 und im Zuge einer sich neu formierenden, engagierten Kunst, wuchs das Selbstvertrauen von Künstlerinnen, neben ihre männlichen Kollegen zu treten und auch in der Öffentlichkeit als professionelle Malerinnen zu bestehen. Im März 1919 wurde in der Berliner Hochschule der Bildenden Künste beschlossen, für Schülerinnen eine eigene Klasse einzurichten. Wenngleich nicht aus voller Überzeugung, sondern als Zugeständnis an die neuen Zeiten. Zur Begründung hieß es, dass »die früheren Bedenken gegen die Zulassung, selbst wenn sie heute noch aus sachlichen Gründen aufrechterhalten werden könnten«, aus »politischen Gründen fallengelassen werden«.

Nachdem Künstlerinnen der Weg in die Akademien geebnet war, hofften sie nicht nur, das nötige Rüstzeug erwerben zu können, sie versprachen sich auch gesellschaftliche Anerkennung ihres Berufs. Ihre Interessen vertraten sie sehr engagiert, künstlerisch prägten sie neue Stilrichtungen und Bewegungen entscheidend mit. Dennoch drängte es in den ersten Jahren nur wenige Künstlerinnen in den einst exklusiven Herrenclub der akademischen Welt. Viele Studentinnen empfanden die ihnen nun zugänglichen Akademien häufig als zu starr. Einige gingen nach wie vor nach Paris, andere fühlten sich vom Bauhaus in Weimar angezogen, der von Walter Gropius begründeten Schule für Architekten, Künstler und Gestalter, an der Modernität und Funktionalität proklamiert und neue Produktionsformen erprobt wurden. Hier konnten Künstlerinnen und Künstler mit avantgardistischen Visionen experimentieren und eine neue, zeitgemäße Formensprache entwickeln.

Doch obgleich es in den zwanziger und dreißiger Jahren bereits sehr erfolgreiche Künstlerinnen gab, lebten und arbeiteten sie weiterhin in einer zwiespältigen Situation. Die Gesellschaft hegte noch bis weit in die Nachkriegszeit hinein ihre Vorbehalte gegenüber dieser ambitionierten Gruppe, die darauf bestand, beides zu sein: Frau und Künstlerin. Und die aufbrechen wollte zu einem großen Abenteuer: der modernen Kunst. Der Weg dorthin führte um die Jahrhundertwende häufig über eine Malerkolonie.

Künstlerkolonien als Fluchtpunkt und Impulsgeber

Künstlerkolonien sind ein kunst- und kulturgeschichtliches Phänomen des ausgehenden 19. Jahrhunderts und eine späte Auswirkung des von

Rousseau noch vor der Französischen Revolution geforderten »Zurück zur Natur«. Die Zeit war bestimmt vom europäischen Wettlauf um den technischen Fortschritt und den damit einhergehenden sozialen Veränderungen. Dem wirtschaftlichen Aufbau in Zentraleuropa und dem bürgerlichen Reichtum der Gründerzeit stand die anhaltende Armut der Arbeiter und der Landbevölkerung gegenüber. Die vorherrschende Malerei spiegelte jedoch nur die eine, die prosperierende Seite der Gesellschaft wider. Vor allem jüngere Künstler empfanden dies als Beschränkung. Auf der Suche nach neuen Werten in einer sich rasch verändernden Welt zogen die Künstler aufs Land und wandten sich der Natur und den einfachen Menschen zu. Schwärmerisch hofften sie, unangetastete Gefilde vorzufinden, in denen der Mensch mit der Natur noch eng verbunden ist. In weltabgewandter Ruhe und Beschaulichkeit hofften die Maler auf authentische Lebens- und künstlerische Arbeitsbedingungen.

Barbizon, in der Nähe des ehemaligen königlichen Jagdreviers Fontainebleau bei Paris gelegen, war die erste einflussreiche Künstlerkolonie und damit Vorbild der Bewegung. Dort hatte sich in der postrevolutionären Kaiserzeit eine Gruppe von Malern zusammengefunden, die ihrer Skepsis gegenüber der etablierten Malerei der Aristokratie und neuen Bourgeoisie Ausdruck verlieh. Dies spiegelte sich auch in ihrer spartanischen, bäuerlichen Lebensweise wider. Zu dieser Gruppe Experimentierfreudiger zählten Künstler wie Camille Corot, Théodore Rousseau, Jean-François Millet, Jules Dupré, Charles-François Daubigny sowie Gustave Courbet, deren Auseinandersetzung mit der Natur ideell und stilistisch Zeichen setzte. Schnell, skizzenhaft und im Freien, *plein air*, zu arbeiten, war auch chemisch-technischer Innovation zu verdanken: Industriell hergestellte Pigmente waren preisgünstiger, vorgrundierte Leinwände in genormten Formaten und das Angebot gebrauchsfertiger Ölmalfarben in Tuben vereinfachten die Arbeit auf geradezu revolutionäre Weise und machten die Künstler vom Atelier unabhängig.

Nach der letzten Ausstellung der Impressionisten 1886 verließen die meisten der daran beteiligten Künstler Paris und Barbizon. Ihnen und dem Impressionismus folgte eine jüngere Künstlergeneration mit neuen Ansätzen. Neben den Neo-Impressionisten, die ein kurzes, intensives Zwischenspiel gaben, waren vor allem Paul Gauguin, Vincent van Gogh und Paul Cézanne die großen »Väter der Moderne«. Alle drei fassten das Verhältnis zwischen Naturvorbild und Gemälde gänzlich neu und deutlich abstrakter. Mit dieser Radikalität beeinflussten sie die Künstler bis weit ins 20. Jahrhundert hinein, dies sehr stark auch in Deutschland und seinen Künstlerkolonien wie Worpswede. Schließlich wurden einige Kolonien – etwa die in Nidden auf der Kurischen Nehrung – zu Wegbereitern des Expressionismus.

Die europäischen Malerkolonien erfüllten eine wichtige Funktion in der Kunstentwicklung, indem sie Malerinnen und Malern ermöglichten, zu einem neuen Stil zu finden und insbesondere in der Landschaftsmalerei neue Wege zu beschreiten. Ihre Auseinandersetzung mit der von Frankreich ausgehenden Freilichtmalerei beschleunigte die Entwicklung zum Impressionismus, der seinen geistig-künstlerischen Höhepunkt in Deutschland kurz vor der Jahrhundertwende erreichte, also rund zwanzig Jahre später als in Frankreich.

In die Kolonien flohen die Künstler aus den von ihnen als antiquiert und erstarrt erlebten Akademien und Kunstschulen und vor einem immer hektischer werdenden Kunst- und Ausstellungsbetrieb mit allerlei gesellschaftlichen Verpflichtungen. In den Künstlerkolonien fernab der Großstädte, wo sich Maler, Schriftsteller und Komponisten zusammenfanden, herrschte eine Atmosphäre, die insbesondere auch die unkonventionellen »Malweiber« sehr schätzten. Zudem ließ es sich in den Fischer- oder Bauerndörfern preiswerter leben, der Unterricht war erschwinglicher und der Austausch mit anderen Künstlern unkompliziert. In gut erschlossenen Dörfern konnte man sich in ein Gasthaus einmieten, so etwa in Kronberg, wo sich schon um die Mitte des 19. Jahrhunderts mehrere mit Barbizon vertraute Künstler trafen. Während in vielen Orten ein eher lockerer Verbund von Malern, Kunststudenten und Einzelkämpfern zu längeren oder kürzeren Aufenthalten zusammenkam, bildeten die Künstler im vergleichsweise abgelegenen Worpswede und in Ahrenshoop eine festere Gruppe. Auch zwischen den einzelnen Kolonien gab es rege Kontakte – unabhängig von der jeweiligen künstlerischen Programmatik.

Worpswede am Rande des Teufelsmoors nördlich von Bremen gilt als die heute bekannteste deutsche Künstlerkolonie. Von dort gingen hervorragende künstlerische Impulse aus; der Dichter Rainer Maria Rilke setzte dem Ort bereits um 1900 ein literarisches Denkmal. Etwa zur gleichen Zeit, als die Künstler dort Fuß fassten, fanden sich in Dachau bei München Künstler wie Adolf Hölzel, Ludwig Dill und Fritz von Uhde in der Sommerschule Neu-Dachau zusammen. Es hieß, dass dort zu Beginn des Jahrhunderts alle fünfzig Meter der Malschirm eines Malers oder einer Malerin in den Wiesen leuchtete und man an beliebten Punkten tagelang Polonaise gestanden habe, bis ein jeder an die Reihe gekommen war.

Künstlerorte in Deutschland, Österreich und in der Schweiz

Bezeichnend für die Malerkolonien ist ihre Verbindung zu einer größeren Stadt mit Akademie oder Kunstschule und dem entsprechenden Umfeld. Dachau und Murnau im Alpenvorland waren Zweigstellen der Münchner Kunstszene, die Kolonien auf Sylt, Amrum und Föhr fungierten als Vorposten Hamburgs. Worpswede und Fischerhude hielten Kontakt zu Bremen, Hiddensee zu Berlin, während Nidden auf der Kurischen Nehrung in Verbindung mit Königsberg stand. Die künstlerischen Impulse für Goppeln kamen aus Dresden, die in Willingshausen arbeitenden Künstler orientierten sich an Kassel, und die Kronberger hielten sich an Frankfurt am Main. Besonders begeisterten die Küsten an Nord- und Ostsee. Meer, Menschen, Landschaft und Himmel boten unzählige Motive und Inspirationen. Hier erfüllten sich die Erwartungen der Künstler, die frei und ungezwungen in ursprünglicher Natur arbeiten wollten. Viele Einheimische empfanden das Gebaren der Künstler und Künstlerinnen allerdings als kurios bis verstörend – wenn zum Beispiel die Damen, die sommers auf den Wiesen malten, ihre Röcke so geschürzt hatten, dass ein Stück Wade zu erkennen war. Frauen, die sich derartig freizügig verhielten, waren ihnen suspekt, zumal, wenn sie auch noch Reformkleider trugen und auf ein Korsett verzichteten. Auch in Österreich und der Schweiz erfuhr die

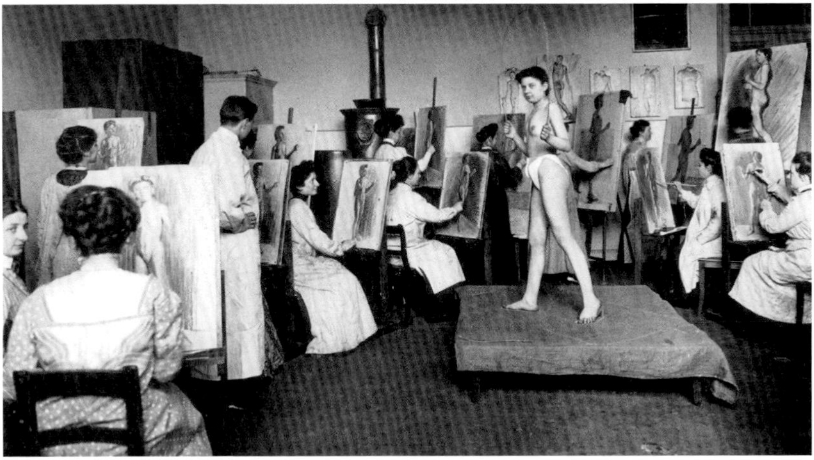

bildende Kunst um 1900 einen grundlegenden Wandel, das Phänomen Künstlerkolonie spielte hier allerdings eine weit geringere Rolle als in Deutschland. Im zentralistischen österreichisch-ungarischen Kaiserreich war Wien wegweisende Metropole. Die »Wiener Secession« gab im Jahr 1897 den Auftakt für die Moderne in Österreich. Gustav Klimt war nicht nur ihr Spiritus Rector, sondern auch der Maler, dessen dekorativer Stil die Wiener Kunst um die Jahrhundertwende repräsentierte. Den Einfluss der internationalen Avantgarde, des französischen Kubismus und des deutschen Expressionismus spiegelten Anfang des 20. Jahrhunderts die Bilder junger Wiener Künstler wie die Egon Schieles und Oskar Kokoschkas wider. In ihnen fanden sie zu einem neuen Umgang mit Farbe und zu einem expressiven Stil.

In der Schweiz wurde der Monte Verità in Ascona zu einer Bühne, auf der moderne Künstler wie Alexej Jawlensky, Hans Arp und Sophie Taeuber-Arp, Marianne Werefkin und Else Lasker-Schüler neue Wege in Leben und Kunst beschritten. Um 1900 begann jenseits jeden Kulturbetriebs die Entwicklung einer Kunst – etwa von Psychiatriepatienten –, die sich nach Form und Inhalt von denen aller Zeitgenossen unterschied, und als »Art Brut« (rohe, unverfälschte Kunst) in die Geschichte der Schweizer Kunst einging. Erst zeitverzögert, dafür in

Damenklasse einer Kunstschule in München-Schwabing, 1907

ihrer Wirkung umso radikaler, trat die Künstlerbewegung Dada 1916 in Zürich hervor, zu dessen Anhängern unter anderem Hans Arp und seine Frau Sophie Taeuber-Arp gehörten.

Berlin, die neue Kunstmetropole

Im Wechselspiel mit den Künstlerkolonien übten natürlich immer auch die großen Städte eine besonders intensive Anziehungskraft aus. Wer es sich leisten konnte, den nötigen Horizont – und Mut – hatte, ging Ende des 19. Jahrhunderts nach Paris. Viele Malerinnen wagten, oft auf eigene Faust, diesen Schritt. Die dort erlernten Techniken importierten sie – ob ins beschauliche Ahrenshoop, nach Worpswede oder in das Herz der Donaumonarchie, nach Wien. Im Gegensatz zu Frankreich und Großbritannien gab es in Deutschland durch das Gefüge zahlreicher Einzelstaaten keinen solchen Mittelpunkt, dessen Strahlkraft sich mit der von Paris hätte messen können. So hatten die lokalen bzw. provinziellen Akademien in ihrer Gesamtheit zwar eine große Vielfalt aufzubieten, unterlagen aber auch verstärkt der Verfügungsgewalt und damit dem Geschmacksurteil des jeweiligen Regenten. Im Zuge der deutschen Reichsgründung begann sich Berlin als neues kulturelles Zentrum zu etablieren. Die Bedeutung, die im 19. Jahrhundert neben Paris nacheinander Dresden, Düsseldorf, Karlsruhe und München innehatten, ging am Ende des Jahrhunderts und für die folgenden Jahrzehnte auf die Hauptstadt Berlin über. Sie wurde Sitz der Künstlervereinigungen wie der »Alten« und »Neuen Secession«, der »Brücke«, und des »Sturms«. Exemplarisch für diese Zeit steht Max Liebermann. Er hatte an der als fortschrittlich geltenden Münchner Akademie studiert, war im Herbst 1884 nach Paris gegangen und gründete 1898 die »Berliner Secession«. Zusammen mit Max Slevogt und Lovis Corinth bildete er das Dreigestirn des deutschen Impressionismus, das auf zahlreiche Künstlerinnen erheblichen Einfluss ausübte. Der Zuwachs der Berliner Kunstszene war so enorm, dass Künstlerkolonien wie Hiddensee an Bedeutung verloren. Auch die Attraktivität anderer Künstlerkolonien nahm in den ersten Jahrzehnten des 20. Jahrhunderts zwangsläufig ab, da sie infolge des wachsenden

Tourismus den Charakter weltabgeschiedener Dörfer zunehmend verloren. Viele »Malweiber« zog es nun verstärkt in die Stadt und vor allem nach Berlin, das in den Jahren der Weimarer Republik als das New York Europas galt.

Ein langer Weg der Emanzipation

Die Künstlerkolonien und Künstlerorte, die ihre Entstehung dem bürgerlichen 19. Jahrhundert, der Industrialisierung und der Großstadtkultur verdanken, begünstigten eine innere und äußere Freiheit, die es in dieser Form für Künstlerinnen kaum je zuvor gab. Ihnen boten die Kolonien in vielfacher Hinsicht ein geeignetes Forum, sich an einer künstlerischen Bewegung wie dem Impressionismus und in Einzelfällen auch dem Expressionismus eigenständig und aktiv zu beteiligen, ihre Bilder vor Ort auszustellen und in einem Kreis Gleichgesinnter auf selbstverständliche Art und Weise als Künstlerin zu leben. Hier ließ man sie als Malerinnen gelten und riet ihnen nicht, sich mit dem schöngeistig-dekorativ eingestuften Stillleben zu begnügen. Wichtig für die Kunststudentinnen waren auch die vielen Malschulen, die ihnen endlich die Chance einräumten, sich nicht länger in die angewandte Kunst abdrängen zu lassen. Dieses Ungleichgewicht zwischen streng akademischer und moderner Kunstauffassung konnten nun die privaten Malschulen auffangen und – da sie sich wenig um Herkunft, Vorbildung und andere formale Voraussetzungen zu kümmern brauchten – eine heute kaum vorstellbare Anziehungskraft ausüben. Diese Anziehungskraft war auch Ausdruck eines gesellschaftlichen Umbruchs. Der hohe Anteil der anfangs so spöttisch und verächtlich als »Malweiber« bezeichneten Künstlerinnen zeigt, wie wichtig sie in Bezug auf die beginnende Emanzipation waren. Doch die Biografien vieler dieser Künstlerinnen, von denen einige als Jüdinnen umgebracht oder in die Emigration gezwungen wurden, sind fast vergessen. Für ihre Bilder, die in Privatbesitz sind oder zum Teil in den Beständen kleiner Museen oder Kunstvereinen auf ihre Entdeckung warten, beginnt sich die Kunstwelt teilweise erst jetzt zu interessieren.

Katja Behling und Anke Manigold

WORPSWEDE UND FISCHERHUDE

Worpswede

»Hier in Worpswede ist es sehr hübsch, weit im Umkreise sieht man die malerischen Heideflächen, hübsche, alte Häuser mit Strohdächern kann ich hier in Hülle und Fülle sehen. Auch Bremen habe ich mir angesehen.« Diese Sätze schrieb der Student der Düsseldorfer Akademie Fritz Mackensen Mitte September 1884 auf eine Postkarte an seine Mutter. Mit seinem Malkasten hatte der Achtzehnjährige ein vollbesetztes Fuhrwerk bestiegen, wo er nur noch auf dem Dach zwischen Körben, Säcken und Paketen Platz gefunden hatte und über unbefestigte Straßen ins Teufelsmoor rumpelte. »Es war nun für mich eine sehr lustige Fahrt.« Worpswede machte auf den Kunststudenten großen Eindruck, in seinen Briefen schwärmte er von der ursprünglichen Landschaft, beschrieb die Birken, das Moor mit den geschichteten Torfhaufen, die blanken Wassergräben mit ihren Schattenspiegelungen, die auf den Äckern arbeitenden Menschen, die Frauen mit weißen flatternden Schleierhüten, am Weyerberg einen Schäfer, der seine Herde hütete, unter lichten Wolkengebilden weinrote Stoppelfelder mit Buchweizen, braunschwarze Schollen umgepflügter Erde, Wasserläufe, auf denen kleine Kähne ihre Bahnen zogen – und am Horizont das Bild der großen Stadt. In den Sommermonaten zog es Mackensen immer wieder nach Worpswede, und bald begeisterte er auch seinen Studienkollegen Otto Modersohn von dem Ort. Gemeinsam mit Modersohn, der der Akademien und Professoren überdrüssig war, Hans am Ende und Carl Vinnen gründete er im Sommer 1889 eine Künstlergruppe in Worpswede. 1892 stieß Fritz Overbeck dazu, 1894 Heinrich Vogeler. Modersohn hatte gegen die akademischen Lehren seiner Professoren in Düsseldorf revoltiert; er schöpfte seine kreative Kraft aus der Versenkung in die Natur, umschrieb seine künstlerische Maxime selbst mit den Begriffen Einfachheit, Intimität und Innerlichkeit. Hier in Worpswede traf er auf Gleichgesinnte, sie malten die Heide, das

Moor, die Birken, Moorkaten, Torfkähne, Himmel, Wolken. Modersohn war einer der Köpfe der Gruppe, er hatte Einfluss auf die Malerei auch der anderen, und er unterrichtete, unter anderem Sophie Wencke und die junge Maria Franck, die spätere Ehefrau des Malers Franz Marc. 1895 erwarb Vogeler den Barkenhoff und gestaltete ihn komplett im Jugendstil. Der Hof mit seinen berühmt gewordenen Wandmalereien und der großzügigen Veranda wurde zum Mittelpunkt der Künstlerkolonie. Angezogen von dem schlichten, aber anregenden Leben und der herben norddeutschen Landschaft, ließen sich in den folgenden Jahren auch andere Künstler in Worpswede nieder, darunter Malschülerinnen wie Marie Bock und der junge Dichter Rainer Maria Rilke. Er verliebte sich hier in Clara Westhoff – und Otto Modersohn in Paula Becker. Bis heute sind es wohl die bekanntesten deutschen Künstlerpaare aus der Zeit um 1900.

Im Frühjahr 1895 erhielten die fünf jungen Landschaftsmaler Mackensen, Modersohn, Vogeler, am Ende und Overbeck ein überraschendes Angebot: eine gemeinsame Ausstellung in der Kunsthalle Bremen. Dem Großteil des hanseatischen Kunstpublikums missfielen die Bilder allerdings, die fünf Maler aus dem Moor mussten sich die Bezeichnung »Apostel des Hässlichen« gefallen lassen. Doch eine Anschlussausstellung im Rahmen der »Jahresausstellung von Kunstwerken aller Nationen« im Glaspalast in München brachte den Worpswedern ihren ersten großen Erfolg. Mackensen erhielt eine Goldmedaille, und die Münchner Pinakothek kaufte Modersohns *Sturm im Teufelsmoor.* Das war der Durchbruch. Heute gilt Worpswede, das abgelegene einstige Torfbauerndorf am Rande des Teufelsmoors bei Bremen, als die im In- und Ausland bekannteste deutsche Künstlerkolonie.

Paula Modersohn-Becker

1876–1907

»Ich habe so den festen Wunsch und Willen, etwas aus mir zu machen, was das Sonnenlicht nicht zu scheuen braucht und selbst ein wenig strahlen soll.«

Paula Becker war sechzehn Jahre alt, als sie 1892 während eines England-Aufenthalts eine wichtige Entscheidung für ihr Leben fällte: Sie würde Malerin werden und in der Kunst Hervorragendes leisten. Bei ihrem Vater stieß sie mit diesem Vorhaben auf wenig Verständnis, er war zwar Kunstfreund, hielt aber nicht viel von Paulas Talent, und Malerin war nach damaligen Begriffen nicht unbedingt ein Beruf für höhere Töchter. So geriet ihr Leben zur Geschichte einer Emanzipation. Paula musste nicht nur gegen den Widerstand ihrer Eltern ankämpfen, sondern auch gegen Konventionen und die traditionellen Kunstvorstellungen, die im deutschen Kaiserreich herrschten.

Paula wurde in die Zeit der Industrialisierung hineingeboren. Ihr Vater Woldemar Becker gehörte als Ingenieur bei der Preußischen Eisenbahnverwaltung zu den Fortschrittsgläubigen, die Familie war bildungsbewusst und leistungsorientiert. Nachdem der Vater aus ihrer Geburtsstadt Dresden versetzt wurde, lebte die Familie ab 1888 in Bremen.

Als Paula die Schule hinter sich hatte, musste sie auf Drängen ihrer Eltern ein Lehrerinnen-Seminar absolvieren. Eigenwillig, wie sie war, setze sie aber anschließend durch, ab 1896 die Kunstschule in Berlin besuchen zu dürfen. 1897 kam Paula zum ersten Mal nach Worpswede. Sie fühlte sich wohl in diesem Kreis von Künstlern, zu dem auch Otto Modersohn, Clara Westhoff und Marie Bock gehörten.

Gemeinsam mit Marie schickte Paula 1899 eine kleine Sammlung ihrer Studien und zwei Bilder zu einer Ausstellung an die Bremer Kunsthalle. Das Publikum aber reagierte äußerst irritiert auf die dunkeltonige, breitflächige Malerei der Worpswederinnen. Wie nur, fragten sich die Hanseaten, konnte sich die Kunsthalle auf dieses erbärmliche Niveau herablassen? Zum Sprachrohr der Entrüsteten machte sich der Kunstkritiker und Maler Arthur Fitger, der im *Weser-Kurier* vom 20. Dezember von »unqualifizierten Leistungen« sprach, denen es gelungen war, den Weg in die Ausstellungsräume zu finden. Fitgers Verriss gab Paula den letzten Anstoß, einen lang gehegten Wunsch in die Tat umzusetzen: In der Silvesternacht 1899 bestieg sie am Bremer Hauptbahnhof den Zug nach Paris.

»Ich fühle, dass alle Menschen sich an mir erschrecken, und doch muss ich weiter.«

Paula studierte an der Académie Colarossi und immer wieder die Bilder im Louvre. Mit ihr in Paris war Clara. 1901, zurück in Worpswede, heiratete Paula den Witwer Otto Modersohn. Sie kümmerte sich um den Haushalt – ihre Eltern hatten ihr vor der Eheschließung noch einen Kochkurs verordnet – und um Elsbeth, Ottos Tochter aus erster Ehe. Vor allem aber nutzte sie ihre Zeit für die Malerei. Ihr künstlerischer Weg führte sie von akademisch orientierten Anfängen zu einem sehr persönlichen und selbstständigen Stil. Bevorzugt malte sie Mädchen- und Frauenbildnisse, Porträts und Selbstporträts sowie die Landschaft Worpswedes. Häufig saßen ihr die Leute aus dem Dorf und die Armenhäusler Modell. Mit den Mitteln moderner Kunst – vereinfachte Formen, pastose Farbe – malte sie die Natur, ohne sie jedoch lediglich idyllisch abzubilden. Mit solchen Bildern irritierte sie. Selbst ihr Mann konnte nicht umhin, anzumerken, Paula verfalle dem Fehler, »alles lieber eckig, hässlich, bizarr, hölzern zu machen. Die Farbe famos – aber die Form? Der Ausdruck! Hände wie Löffel, Nasen wie Kolben, Münder wie Wunden, Ausdruck wie Cretins.« Paula aber ging es darum, das Wesen der Dinge und Menschen durch Farbe und Form auszudrücken. Wohl auch deswegen wurde ihr Worpswede bald zu eng. »Es ist meine

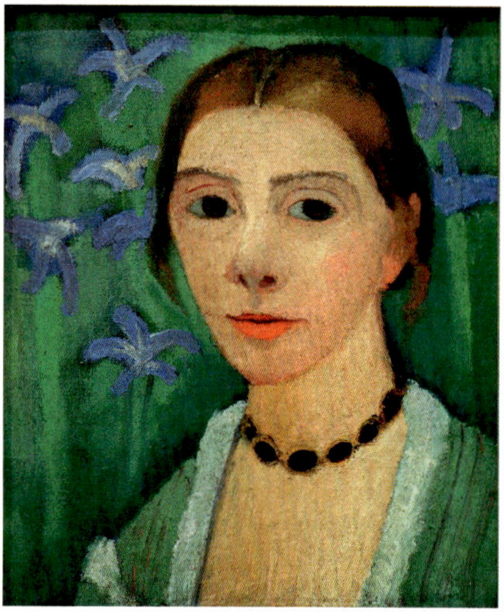

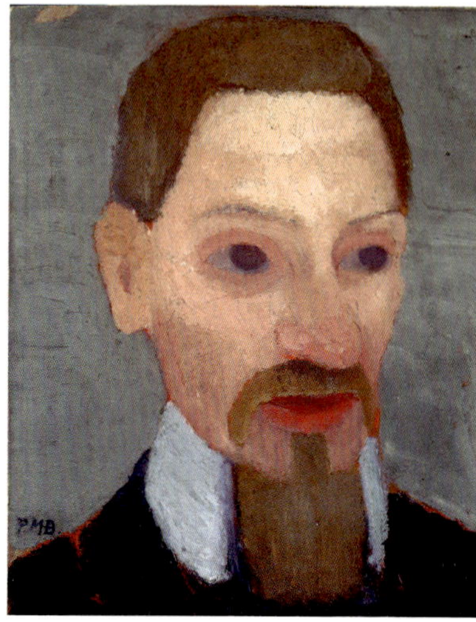

Erfahrung, dass die Ehe nicht glücklicher macht ... Dies schreibe ich in mein Küchenhaushaltebuch, ... sitze in meiner Küche und koche Kalbsbraten.« Mehrfach zog es Paula nach Paris, wo sie ein anderes, freieres Leben führen, die Bilder van Goghs und Cézannes studieren und sich künstlerisch weiterentwickeln konnte. 1906 schien eine Trennung von Otto Modersohn ein zwar schwerer und schmerzlicher, aber unausweichlicher Schritt zu sein. Paula packte ihre Sachen und fuhr abermals von Worpswede in die Stadt ihrer Sehnsucht. Dort traf sie sich mit Rainer Maria Rilke, dem von seiner Frau getrennt lebenden Mann ihrer Freundin Clara, porträtierte ihn und kam ihm auch sonst gefährlich nahe. Wie wäre es, wenn sie einfach in Paris bliebe? Auch der Dichter, der sich schon früher für Paula als Frau, weniger aber für sie als Künstlerin interessiert hatte, war aufgewühlt von der Begegnung. Von Paula – und von ihren außerordentlichen Bildern, die sie kaum jemals zeigte und mit denen er sich erst jetzt wirklich auseinanderzusetzen begann. Dass er sie völlig verkannt und unterschätzt hatte, erschütterte Rilke. In dieser heiklen Situation besuchte Otto Modersohn seine Frau in Paris und hoffte, sie zurückzugewinnen. Tatsächlich

LINKS: *»Selbstbildnis vor grünem Hintergrund mit blauer Iris«, um 1905*
RECHTS: *»Bildnis Rainer Maria Rilke«, 1906*

begleitete Paula zu Ostern ihren Mann wieder nach Worpswede. Sie wurde schwanger und brachte im November 1907 ein Kind zur Welt, das sie sich lange sehnlichst gewünscht hatte. Drei Wochen nach der Geburt ihrer Tochter Mathilde starb Paula an einer Embolie.

In den knapp vierzehn Jahren, in denen sie künstlerisch tätig war, schuf Paula Modersohn-Becker weit über siebenhundert Gemälde, die in ihrer Gesamtheit die bedeutendsten Aspekte der Kunst des frühen 20. Jahrhunderts in sich vereinen. Lange hielt sich das Bild von der gefühlvollen jungen Frau, die in der ländlichen Idylle zu Herzen gehende Briefe schrieb und Porträts von Bauernkindern malte. Doch Modersohn-Becker ging weit über die regionale Naturlyrik mancher ihrer Worpsweder Künstlerkollegen hinaus und nahm, in Paris geschult, Entwicklungen der internationalen Kunst vorweg. Ihre unbedingte Hingabe an ihre Kunst widersprach dabei völlig den weiblichen Verhaltensnormen ihrer Zeit; für sie aber war ihre schöpferische Arbeit das Ziel: »Ich werde noch etwas. Wie groß oder wie klein, das kann ich selbst nicht sagen, aber es wird etwas in sich Geschlossenes. Dieses unentwegte Brausen dem Ziele zu, das ist das Schönste im Leben.«

Katja Behling

»Und Cézanne! Das ist ein Kerl, der auf mich gewirkt hat wie ein großes Gewitter.«

Marie Bock

1867–1956

*»Am meisten bin ich für mich und arbeite...
und das ist das feinste,
was der Mensch haben kann.«*

Unsere heutigen Notizen müssen wir leider beginnen mit dem Ausdruck tiefen Bedauerns darüber, dass es so unqualifizierten Leistungen wie den sogenannten Studien von Maria Bock und Paula Becker gelungen ist, den Weg in die Ausstellungsräume unserer Kunsthalle zu finden, ja, dass man ihnen ein ganzes Kabinett eingeräumt hat, aus dem zuvor die gewöhnlich dort befindlichen Schätze unserer ständigen Sammlungen entfernt worden sind. Dass so etwas hat möglich sein können, ist sehr zu beklagen. Für die Arbeiten der beiden genannten Damen reicht der Wortschatz einer reinlichen Sprache nicht aus, und bei einer unreinlichen wollen wir keine Anleihe machen. Hätte eine solche Leistungsfähigkeit auf musikalischem oder mimischem Gebiete die Frechheit gehabt, sich in den Concertsaal oder auf die Bühne zu wagen, so würde alsbald ein Sturm von Zischen und Pfeifen dem groben Unfug ein Ende gemacht haben; in der Kunsthalle wird nicht gezischt und nicht gepfiffen, um so mehr ist es die Pflicht der Kritik, hier deutlich zu sprechen.« Dieser harsche Verriss von Arthur Fitger war am 20. Dezember 1899 im Feuilleton des Bremer *Weser-Kuriers* zu lesen.

Kurz vor Weihnachten 1899 erhielten Marie Bock, Paula Becker und Clara Westhoff die Chance ihres Lebens: In der Kunsthalle Bremen konnten sie zum ersten Mal ihre Arbeiten der Öffentlichkeit präsentieren. Das Publikum, so der Wunsch von Gustav Pauli, dem wissenschaftlichen Leiter des dortigen Kunstvereins, sollte so die Möglichkeit erhalten, sich mit zeitgenössischer Kunst auseinanderzusetzen. Paula Becker zeigte einige ihrer Studien, Clara Westhoff war unter anderem mit der Gipsfassung der Büste Paula Beckers vertreten und die zweiunddreißigjährige Marie mit drei Landschaften und einem Bildnis, dem *Porträt Friedrich Westhoff*. Es zeigt den Vater Clara Westhoffs auf einer Bank am Fenster einer Gartenlaube sitzend, ernsthaft, entschlossen und gütig zugleich. Das Bild zeugt von Marie Bocks Gespür für Komposition und harmonische Farbgebung. Doch die Ausstellung geriet für die drei Künstlerinnen, vor allem aber für Paula Becker und Marie Bock, zu einem Fiasko. Die Kritik des tonangebenden Kunstkritikers Arthur Fitger hätte vernichtender nicht sein können. Der mit den Frauen befreundete Worpsweder Maler Carl Vinnen versuchte im Konkurrenzblatt, den Angriff zu mildern, indem er die ausgestellten Bilder als unreife Schülerarbeiten entschuldigte – wodurch die Schmach fast noch größer wurde.

Dennoch – Marie Bock und ihre Freundinnen Paula Becker und Clara Westhoff ließen sich davon nicht unterkriegen –, alle drei gingen sie ihren Weg als Malerin weiter. Noch 1899 entstand Marie Bocks *Selbstbildnis* mit einem auffallend dunkel gestalteten Hintergrund, das in Farbgestaltung und Komposition Ähnlichkeiten mit Porträts des norwegischen Malers Edvard Munch aufweist. In Worpswede unternahmen die drei vieles gemeinsam, »man hat ›Punkte‹ miteinander«, so drückte sich Paula in einem Brief an ihren Bruder im Juni 1899 aus. Otto Modersohn notierte, Paula, Clara und Marie erquickten sich regelmäßig durch »Luftbäder«, und er erzählte von einem »Elfentanz bei Mondschein«. Sie hatten Spaß – aber sie lernten vor allem voneinander. Die Kunst spielte zweifellos die Hauptrolle. »Am meisten bin ich für mich und arbeite und bin Mensch für mich allein und das ist das feinste, was der Mensch haben kann«, schrieb Marie Bock im Januar 1900 in einem Brief an Paula Becker. Heinrich Vogeler berichtete, Marie Bock sei als Frau eines Schiffsingenieurs viel allein gewesen, und da ihr Mann fast immer auf See war, sei sie mit ihrer Tochter in das kleine Dorf am Rande des Teufelsmoors gekommen. Den Anstoß dazu hatte Marie die Ausstellung der Worpsweder Maler im Münchner Glaspalast 1895 gegeben, die sie mit ihrer Freundin Hermine Rothe besucht hatte. Fritz Overbecks *Abend im Moor* hatte die beiden so begeistert, dass sie sich im Sommer 1896 entschlossen, bei ihm Unterricht zu nehmen. Marie kam keineswegs ohne Vorkenntnisse nach Worpswede. Sie hat-

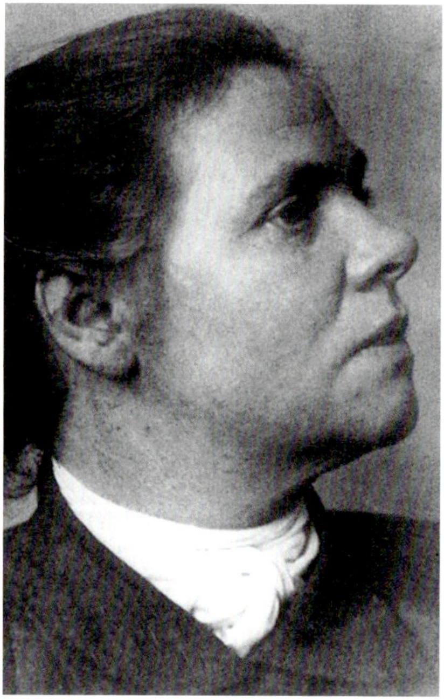 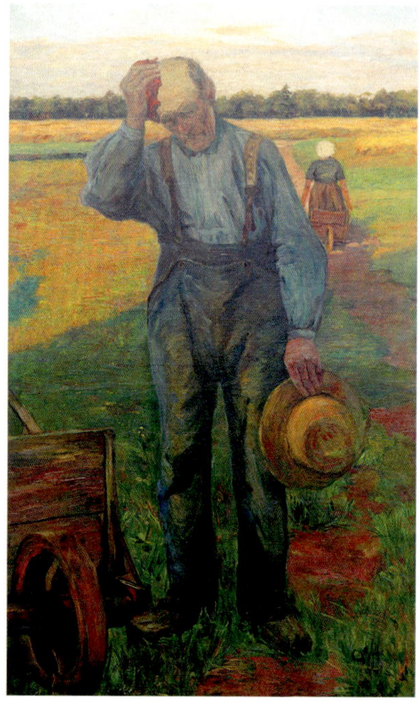

te bereits an der Damenakademie des Münchner Künstlerinnenvereins bei der österreichischen Landschaftsmalerin Tina Blau studiert und ihre Ausbildung in Karlsruhe fortgesetzt. Ihr besonders ausgeprägtes Faible für Figuren- und Porträtmalerei bewog Marie, Schülerin von Fritz Mackensen zu werden. Im Herbst 1898 stieß dann noch Ottilie Reylaender als Malschülerin zu den Worpswederinnen. Unterricht bei Mackensen bedeutete, sich intensiv dem Zeichnen zu widmen, bevor zum Pinsel gegriffen wurde. So entstanden großformatige Rötel- und Kohlezeichnungen der bäuerlichen Bevölkerung. Eine der Stärken Maries war die feingliedrige Binnenzeichnung, durch die sie Licht und Schatten herausarbeitete und Flächen plastisch gestaltete. Als Marie Bock – während einer Radtour mit Heinrich Vogeler und Clara Westhoff – eine Weberei entdeckte, erlernte sie obendrein die Gobelintechnik. Sie kaufte sich einen eigenen Webstuhl und fertigte unter anderem einen von Paula Becker entworfenen Wandteppich.

LINKS: *Marie Bock* RECHTS: *»Alter Bauer«, um 1950*

Im Juni 1900 reiste Marie Bock mit ihren Freunden zu Paula Becker nach Paris. Die kleine Reisegesellschaft, die sich von Worpswede zum Bremer Hauptbahnhof fahren ließ, bestand aus Otto Modersohn, Fritz Overbeck und dessen Frau Hermine. Die Gruppe bummelte durch Galerien und Museen, besuchte die Weltausstellung. Der Aufenthalt in Paris nahm für Marie und ihre Kollegen ein abruptes Ende, als Otto Modersohn per Telegramm die Nachricht vom Tod seiner Ehefrau Helene Schröder erreichte. Gemeinsam kehrte man nach Worpswede zurück. 1901 verließ Marie Bock die Worpsweder Kolonie und ging nach Berlin, um an der dortigen Adolf-Lette-Schule Unterricht zu nehmen. Sie entwarf Weißstickereien, führte ein Atelier für Inneneinrichtung und künstlerisch gestaltete Kleidung und zeichnete außerdem Postkarten, die sich recht gut verkauften. Bei dem Maler Paul Schultze-Naumburg in Saaleck nahm sie erneut Unterricht. Wohin sie ihre Wege anschließend führten, ist kaum bekannt. Nach dem Ersten Weltkrieg soll sie als Kopistin alter Meister tätig gewesen sein. In ihren letzten Jahren lebte sie in Lübeck im Haus ihrer mit einem Maler verheirateten Tochter.

Katja Behling

»Eine der Stärken Maries war die feingliedrige Binnenzeichnung, durch die sie Licht und Schatten herausarbeitete und Flächen plastisch gestaltete.«

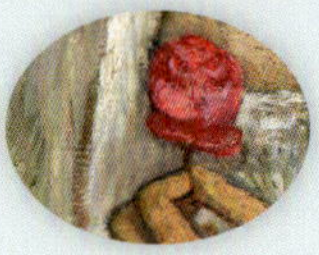

Fischerhude

»Es gibt in meinem Leben zwei Orte, die einen sehr starken Einfluss auf meine Erziehung oder Bildung gehabt haben. Der eine ist die Stadt Hamburg ... Der andere ist ein Dorf in der Nähe Bremens, das Fischerhude heißt, wo eine Reihe von Malern und Künstlern tätig war. Fischerhude war während der Nazizeit meine geistige Heimat.« Das sagte der einstige Bundeskanzler Helmut Schmidt über ein kleines Dorf in Niedersachsen, das um 1900 als Sehnsuchtsort der Künstler Geschichte zu schreiben begonnen hatte.

Als solches entdeckt wurde es per Zufall von Otto Modersohn: »Im Oktober 1896 kam ich mit meinem Freunde Fritz Overbeck zuerst nach Fischerhude ... Es wurde für mich eine Entdeckungsfahrt.« Das urwüchsige Dorf an der Wümme, rund fünfzehn Kilometer von Worpswede entfernt, zeigte sich von seiner malerischen Seite. An der Landstraße standen Birken und Eichen im Goldlaub der Herbstsonne, Strohdachhäuser, urige Bauernhöfe, Ställe, Weideflächen und Kühe ringsum, glitzernde Flussläufe und Wassergräben mit Holzkähnen. »An der alten Wassermühle wurde es immer interessanter, so daß Overbeck meinte, wir hätten uns mit Worpswede geirrt, Fischerhude überträfe es noch an malerischen Reizen. Wir zeichneten, bis unsere Skizzenbücher voll waren ...«

Nach dem Tode seiner Frau Paula Modersohn-Becker ließ sich Otto Modersohn 1908 in Fischerhude nieder. Um sicherzugehen, ein künstlerisch unberührtes Fleckchen aufgetan zu haben, soll Modersohn einen Bauern auf Plattdeutsch gefragt haben: »Sünd hier ok keene Malers?« Er bekam die Antwort: »Een is all dor.« Der eine war Heinrich Breling. Er war 1849 in Burgdorf bei Hannover als Sohn eines Zollbeamten geboren worden und hatte seine Kindheit in Fischerhude verlebt, Gänse gehütet und sich die Zeit mit dem Malen von Tieren vertrieben. Eines Tages machte ein Weinhändler den Zolldirektor in

Hannover auf das Talent des Hütejungen aufmerksam – fortan sorgte der König von Hannover für die Ausbildung des Jungen. Als der Künstler seine Studien in München fortsetzte, fielen seine Aquarelle König Ludwig II. auf; Breling wurde Professor an der Münchner Akademie und königlicher Hofmaler. Er studierte aber auch die französischen Impressionisten, begeisterte sich für die Bilder van Goghs und Cézannes. Nachdem er seit 1895 wieder regelmäßig nach Fischerhude gekommen war, kehrte er 1908 mit seiner Familie dauerhaft in das Dorf seiner Kindheit zurück.

Nach 1900 zog es weitere Maler ins Dorf. Die Töchter und Enkel des Gründervaters Breling traten in dessen Fußstapfen, machten und machen das Dorf noch heute zum Anziehungspunkt für Künstler und Kunstfreunde. Brelings Tochter Olga heiratete Jan Bontjes van Beek, Gründer der Fischerhuder Kunstkeramik. Olga und Jan gaben ihre Talente weiter an ihre Kinder Tim, Mietje und Cato. Brelings Tochter Louise heiratete 1909 Otto Modersohn; ihre Söhne Ulrich und Christian wurden ebenfalls Maler. Es war wohl vor allem diese noch immer vielfach aktive Künstlerfamilie Breling-Modersohn, die den Politiker Helmut Schmidt in so besonderer Weise beeinflusste.

Clara Rilke-Westhoff

1878–1954

»Warum macht das Malen so glücklich?«

Clara Westhoff, geboren als Tochter eines wohlhabenden Kaffeekaufmanns 1878 in Bremen, aufgewachsen im bürgerlichen Stadtteil Oberneuland, entwickelte früh den dringenden Wunsch, Malerin zu werden. Ihre Mutter und ihr Vater Friedrich Westhoff, der selbst künstlerische Neigungen hatte, gestatteten der erst Siebzehnjährigen Anfang Oktober 1895, nach München zu ziehen, um eine Ausbildung an der privaten Malschule Fehr/Schmid-Reutte aufzunehmen. »Oh München! Diese göttliche Freiheit!«, schrieb Clara im November 1895 begeistert an ihre Mutter. Und schon nach einem Jahr berichtete sie ihren Eltern stolz, »dass ich ein Malweib geworden bin ... Ein regelrechtes emanzipiertes Fin-de-siècle-Weib«. In München widmete sich Clara bis 1898 dem Porträtzeichnen und interessierte sich dabei besonders für den Impressionismus.

Mit der Absicht, ihre Studien in Worpswede fortzusetzen, kehrte Clara Westhoff in den Norden zurück. Ab 1898 nahm sie in der Künstlerkolonie bei Fritz Mackensen Zeichen- und Modellierunterricht. Dort lernte sie Paula Becker kennen, die beiden verband fortan eine enge Freundschaft. Als Paula Becker ihr im Dezember 1898 das erste Mal begegnete, war sie von Clara begeistert: »Die möchte ich zur Freundin haben. Groß und prachtvoll anzuschauen ist sie und so ist sie als Mensch und so ist sie als Künstler.« Clara gehörte zu dem Freundeskreis, der regelmäßig auf dem Barkenhoff des Jugendstil-Künstlers Heinrich Vogeler zusammenkam. Dort lernte sie eines Tages den Dichter Rainer Maria Rilke kennen, ihren künftigen Mann. Auf der Suche nach der einen, wahren Liebe hatte Rilke schon die Herzen vieler Frauen gewonnen. Zu seinen Freundinnen und Verehrerinnen zählten die Schriftstellerin und Psychoanalytikerin Lou Andreas-Salomé, die große Schauspielerin

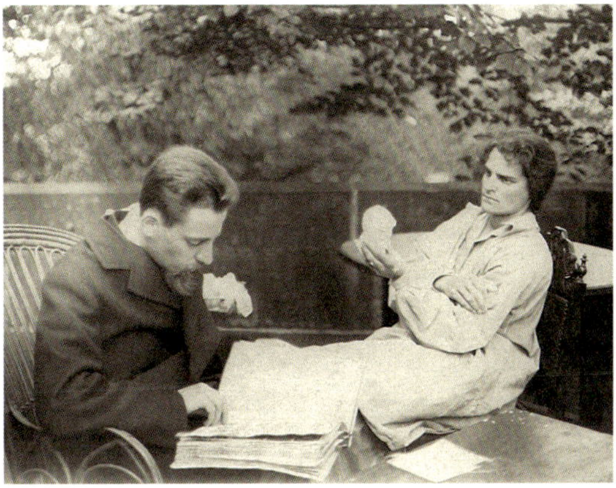

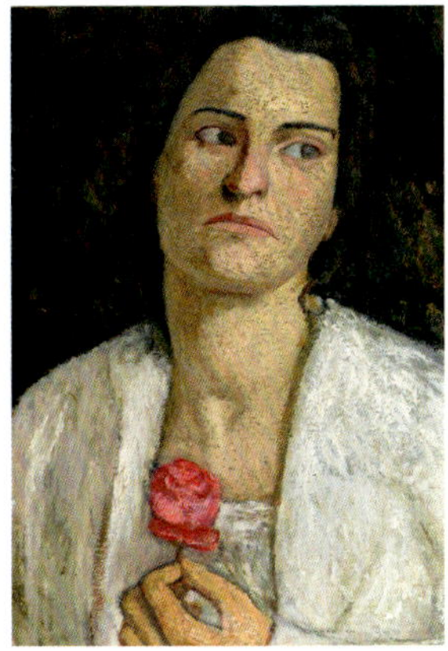

Eleonora Duse, die Dichterin Marina Zwetajewa und die Fürstin Marie von Thurn und Taxis. Auch Claras Freundin Paula Becker war von Rilke fasziniert, mochte der Schriftsteller, der schon mal russische Hemden und rote Tartanstiefel trug und im Garten umherschlendernd Verse rezitierte, auch ansonsten nicht bei jedem bodenständigen Worpsweder übermäßig großes Ansehen genießen. Der hohlwangige, sensible Dichter und die groß gewachsene, kräftige Clara – passten sie überhaupt zusammen? Wie Otto Modersohn darüber dachte, verrät eine Bemerkung in einem Brief an Paula über einen Besuch des ungleichen Paares: »Wer kam da? Du ahnst es schon: Clara W. mit ihrem Rilkchen unterm Arm.«

Für Clara aber hatte, auch nachdem sie Rilke begegnet war, die Kunst Vorrang. Mindestens ebenso wie für Palette und Pinsel interessierte die Malschülerin Clara Westhoff sich für die Bildhauerei. Ihr Lehrer Mackensen, der Claras Talent darin erkannte, gab ihr eine Empfehlung für Max Klinger in Leipzig. Der lehnte weibliche Studentinnen eigentlich ab, die eigensinnige Westhoff aber nahm er auf, weil ihn ihr Umgang mit Marmor überzeugte. Klinger riet Clara ab, ins abgeschiedene Worpswede zurückzugehen, und vermittelte ihr stattdessen einen Aufenthalt in Paris bei dem berühmten Bildhauer Auguste Rodin. Auch Paula war inzwischen in der Kunstmetropole an der Seine.

LINKS: *Clara Rilke-Westhoff modelliert ihren Mann Rainer Maria Rilke, 1905*
RECHTS: *»Clara Rilke-Westhoff« von Paula Modersohn-Becker, 1905*

So verbrachten die beiden Malschülerinnen den Winter und Frühling 1900 gemeinsam in Paris. Westhoff studierte an der Académie Julian, Becker an der Académie Colarossi. Zusammen nutzten sie auch die für sie als Frauen außergewöhnliche Möglichkeit, einen Anatomiekurs an der École des Beaux Arts belegen zu können.

Im Sommer 1900 zurück in Worpswede, war Clara bald wieder eingebunden in den Freundes- und Künstlerkreis, der sich auf Heinrich Vogelers Barkenhoff traf. Clara heiratete im April 1901 Rainer Maria Rilke. Das junge Paar zog in ein Nachbardorf Worpswedes, und im Dezember brachte Clara Rilke-Westhoff ihre Tochter Ruth zur Welt. Doch das bürgerliche Familienglück bekam rasch Risse – nicht nur, weil es an Geld fehlte. »Ich bin nicht mehr allein! Das sagt alles«, schrieb Rilke im Dezember 1901 an seine Mutter. Clara wurde nach der Heirat schwermütiger und lebte in der Abgeschiedenheit mit und für Rilke, der ihr den Rang ablief und dem gerade Claras Anhänglichkeit und Abhängigkeit zunehmend weniger behagte. Er hatte die Ankündigung, einer sei dem anderen zum Hüter der Einsamkeit bestellt, zum Motto ihrer Ehe erkoren, nun schien Clara sich aber aufzugeben, war nur noch sein Anhängsel – was er selbst forciert hatte, empfand er als erdrückend und langweilig. Zwar war es Clara, die Bildhauerin, gewesen, die in Rilke, dem Wortakrobaten, ein Verständnis für das Plastische geweckt und ihn mit dem Bildhauer Auguste Rodin zusammengeführt hatte. Doch auch als Künstlerin konnte Rilke mit seiner Gattin nicht viel anfangen. Er kam zu dem traurigen Schluss, dass er »weder der Künstlerin in ihr noch dem, was sich nach einem Frauendasein drängt, recht günstig zu sein vermochte«.

Im Jahr 1902 beschlossen Clara und Rainer Maria Rilke, zu zweit – aber nicht zusammen – nach Paris zu ziehen. Im Sommer brach Rainer Maria Rilke seine Zelte in Westerwede ab, um in Paris seine Monografie über Rodin zu verfassen. Clara, die bis zur Geburt ihrer Tochter Ruth in ihrem Atelier gearbeitet hatte, allerdings nur selten etwas verkaufte, folgte kurze Zeit später. Die kleine Ruth überließen sie der Obhut von Claras Eltern. Die folgenden zehn Jahre führte Clara ein rastloses, von Krisen begleitetes Leben, sie reiste durch Europa bis nach Ägypten, bis sie sich schließlich im Januar 1911 in München niederließ. 1919 ging sie dann mit ihrer achtzehnjährigen Tochter nach Fischerhude. Die Ehe mit Rilke war endgültig gescheitert. In den nun folgenden Jahren wandte sie sich verstärkt der Malerei zu, schuf Porträts und Stillleben. »Warum macht das Malen so glücklich?«, notierte sie 1925 in ihr Tagebuch. Gleichwohl überstrahlt Claras Ruhm als Bildhauerin – auch bedingt durch so bekannte Werke wie die 1901 entstandene Porträtbüste ihres Mannes Rainer Maria Rilke und das 1912 vollendete Bronzebildnis der Schriftstellerin Ricarda Huch – den der Malerin bis heute. Clara Rilke-Westhoff jagte Aufträgen, auch öffentlichen, meist vergebens nach und erhielt Absagen auf Stipendienanträge. Erst zu ihrem sechzigsten Geburtstag fand ihre erste Einzelausstellung statt. Um 1930 hielt sie sich längere Zeit in Berlin auf, um Malunterricht zu nehmen, und im Weltausstellungsjahr 1937 kam sie noch einmal nach Paris. 1939 reiste sie nach Genf, um Bilder aus dem Prado zu sehen, ansonsten unterbrachen nur bescheidene Reisen ihr dörfliches Dasein. Ihr Haus diente Clara bis zu ihrem Tode 1954 als Wohnung und Atelier. Ihre Tochter lebte darin bis an ihr Lebensende 1972. Das von Ruth Rilke gegründete Rilke-Archiv befand sich bis Mitte der siebziger Jahre dort, wurde dann aber nach Gernsbach verlegt. 1978, zu ihrem hundertsten Geburtstag, musste die Künstlerin Clara Rilke-Westhoff der Öffentlichkeit wieder in Erinnerung gebracht werden – viele verbanden mit ihr nur den großen deutschen Dichter, dessen Namen sie trug.

Katja Behling

»Paris im Herbst! Es ist etwas, das Sie noch erleben müssen. Thun Sie es mir nach mit unerwarteten Entschlüssen. Mir scheint alles wie ein großer Tanz von Schönheit – so wie nie.«

HIDDENSEE, AHRENSHOOP UND NIDDEN

Hiddensee – die Insel

»Hiddensee ist eines der lieblichsten Eilande, nur stille, stille, dass es nicht etwa ein Weltbad werde«, beschwor Gerhart Hauptmann die Ostseeinsel, als er diese 1885 zum ersten Mal besuchte. Im Laufe der Jahre entwickelte sich das vergessene Eiland von einem weltabgeschiedenen Ort zu einem beliebten Seebad, was aber die Liebe zwischen dem Dichter und der Insel nicht schmälern konnte. Sie hielt ein Leben lang.

Die unvergleichliche Landschaft dieser dünn besiedelten Insel mit ihren sanft geschwungenen Hügeln, den Wiesen und Sümpfen, dem Heideland und der vom Meer wild zerklüfteten Steilküste faszinierte Künstler schon lange zuvor. So zeichnete Jakob Philipp Hackert, Goethes Freund und Zeichenlehrer, bereits im Jahr 1764 als einer der ersten Maler auf Hiddensee. Dem Besuch Hackerts folgten 1847 Friedrich Preller aus Weimar, der das imposante Zusammenspiel von Sturm, Land und Meer, Seestürmen und Naturgewalten auf die Leinwand bannte, und fast zwanzig Jahre später Antonie Biel. Sie machte in Berlin Furore mit ihren melancholischen, silbergrau schimmernden Bildern der Meeresstrände auf Hiddensee.

Mit den Bildern von Hiddensee, die auf Ausstellungen, etwa denen der »Berliner Secession«, zu sehen waren, entstand der Ruf der Insel als ein Ort für malerische Motive, Ursprünglichkeit und naturverbundenes Leben. Genau danach sehnten sich die Künstler, die um die Jahrhundertwende der rasanten Industrialisierung in den Großstädten entflohen. Ihnen wurde Hiddensee Refugium und Inspiration zugleich. »... die unendliche Weite ist's, die sich überall, auf dem flachen Teil der Insel wie von den Höhen herab, dem Auge auftut. Die Klarheit der Luft dazu, die unermessliche Größe von Land, Meer und Firmament, ringsum die ungeteilte Linie des Horizonts ...«, so beschrieb der Berliner Maler Felix Krause im Sommer 1907 die Sonnenseite der Insel.

Zur ersten Generation der Künstlerkolonie auf Hiddensee gehörten Harold Bengen, Walter Herbig, Elisabeth Büchsel und Oskar Kruse-Lietzenburg, die zentrale Figur der Hiddenseer Künstlerkolonie. Der Maler und Schwager der Puppenmutter Käthe Kruse ließ sich 1904 auf einer Anhöhe oberhalb von Kloster einen trutzigen Bau im Jugendstil errichten, der zum allabendlichen Treffpunkt der Künstler im Stil des Berliner Salonlebens wurde. Einige Zeit später dann fanden sich die Malerinnen Henni Lehmann, Elisabeth Andrae, Käthe Loewenthal, Katharina Bamberg, Clara Arnheim, Julie Wolfthorn, Augusta von Zitzewitz, Bettina Büttner, Dorothea Stroschein sowie Bertha Dörflein-Kahlke auf Hiddensee ein, die meisten von ihnen Impressionistinnen, die von einem akademisch orientierten Anfang zu einem eigenen und selbstständigen Stil gelangten.

Mit den Künstlern schwärmten auch die Sommerfrischler auf die Insel, sie sorgten für wirtschaftlichen Aufschwung, moderne Gasthöfe und komfortable Hotels entstanden. Hiddensee war mittlerweile »... in Mode gekommen; es ist guter Ton, hierher zu gondeln oder wenigstens hier gewesen zu sein«, kommentierte der Schriftsteller Adolf Wildbrandt 1910 die Ankunft der ersten feinen Damen, die in mondäner Toilette vom Kurfürstendamm das »Capri von Pommern« betraten.

Mit dem Ausbruch des Ersten Weltkriegs endete die wichtigste Zeit der Künstlerkolonie, viele Künstler verließen die Insel. Nach dem Tod von Oskar Kruse im Jahr 1919 führte sein Bruder Max, Bildhauer und Ehemann von Käthe Kruse, die geistige Tradition des Ortes zwar fort, aber die zunehmende Popularität Hiddensees in den wilden zwanziger Jahren – Asta Nielsen, Thomas Mann, Albert Einstein, Joachim Ringelnatz sowie Else Lasker-Schüler gehörten zu den Gästen – nahm der Insel den Charakter einer abgeschiedenen, ländlichen Welt.

Katharina Bamberg

1873–1966

»Sie lernte die Grenzen der akademischen Malerei zu überwinden und fand schon bald zu einer realistischen Hellmalerei.«

Katharina Bamberg hatte das Glück, in eine wohlsituierte und aufgeschlossene Familie hineingeboren worden zu sein. Ihr Vater, ein leitender Arzt des Städtischen Krankenhauses in Stralsund, legte nicht nur großen Wert darauf, seinen sechs Kindern eine solide Ausbildung zu ermöglichen, sondern zeigte darüber hinaus Verständnis für das künstlerische Talent seiner Tochter Katharina. Ihren Wunsch, Malerin zu werden, erfüllte er ihr allerdings nur unter einer Bedingung: Nach Abschluss der Höheren Tochter Schule sollte sie zunächst eine Haushaltsschule besuchen.

Noch vor der Jahrhundertwende verließ Katharina Bamberg dann Stralsund und ging nach Berlin. Zu dieser Zeit spielte Ludwig Dettmann im dortigen Kunstleben eine entscheidende Rolle. Er zählte zu den fortschrittlich gesinnten Malern, die, aus Protest zur konservativen akademischen Malerei, im Jahr 1898 die »Berliner Secession« gründeten. Die von der »Berliner Secession« organisierten Ausstellungen mit Werken von Künstlern wie Auguste Rodin, George Minne und Edouard Vuillard galten damals als die Berliner Kunstereignisse schlechthin.

Als Katharina Bamberg bei Ludwig Dettmann ihr Studium aufnahm, fand sie sofort Gefallen an seinen frischen Landschaftsimpressionen. Ob es nun der jugendliche Charme des nur wenige Jahre älteren Lehrers war oder der in Mode gekommene Impressionismus, der Katharina in ihren Bann zog, lässt sich heute nicht mehr ausmachen. In jedem Fall profitierte die junge Frau von seinem Unterricht. Von Dettmann lernte sie, die Grenzen der akademischen Malerei zu überwinden. Sie löste sich von einer düsteren, auf Braun abgestimmten Farbpalette und fand schon bald zu einer realistischen Hellmalerei. Dettmann selbst beurteilte den Eifer seiner Elevinnen allerdings eher abschätzend, wenn er sagte: »Ich war verpflichtet, wöchentlich an zwei Vormittagen und an zwei Abenden Korrektur zu geben. Vormittags hatte ich eine Klasse voller Mädchen, jung und älter, mit mancherlei künstlerischer Begabung, die Hauptbegabung war wohl das Heiraten.« – Im Kunstbetrieb zollte man den Ambitionen der Schülerinnen offenbar wenig Respekt. Alfred Lichtwark, Museumsdirektor in Hamburg, empfahl einmal einer Mutter, die ihn um Rat für die künstlerische Ausbildung ihrer Tochter bat: »Warum lassen Sie Ihre Tochter nicht lieber ordentlich kochen lernen? Es gibt so viele schlechte Künstlerinnen und so wenig gute Köchinnen.«

Nach ihrer Studienzeit, die sie durch Deutschland, Italien und Frankreich führte, kehrte Katharina Bamberg 1906 nach Stralsund zurück und entwickelte sich zu einer anerkannten Landschaftsmalerin. Es hieß, dass die Nachfrage nach ihren Bildern so groß gewesen sei, dass sie längst nicht allen Wünschen nachkommen konnte. Sie betei-

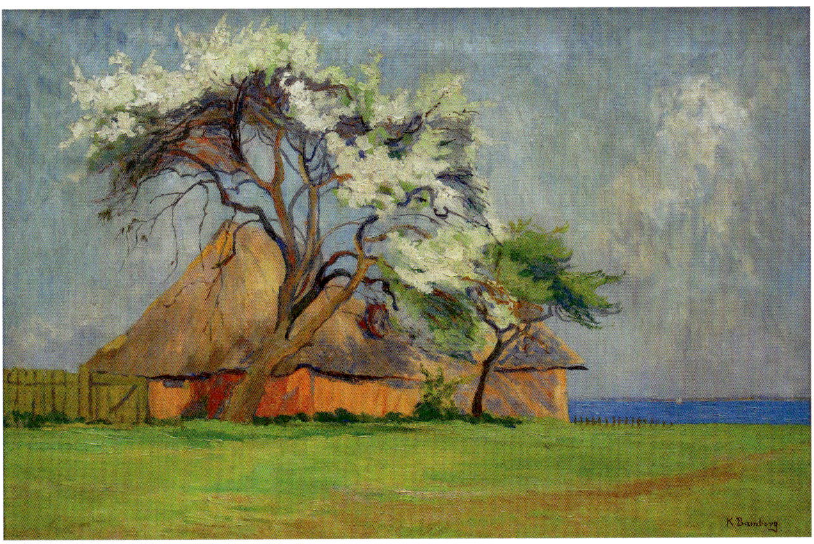

»Schafstall auf Hiddensee«

ligte sich an Ausstellungen im »Stralsunder Kunstverein« und an denen des »Pommerschen Künstlerbundes«. Die Motive für ihre naturalistischen Bilder von unermesslicher Weite und strahlender Helligkeit fand sie auf den Inseln der Ostsee, jedes Jahr verbrachte sie den Sommer auf Hiddensee.

Nach dem Ersten Weltkrieg, in dem sie als Operationsschwester tätig war, schloss sie sich dem von Henni Lehmann und Clara Arnheim gegründeten »Hiddenseer Künstlerinnenverbund« an und zeigte ihre Arbeiten in der »Blauen Scheune«. Die Malerei blieb bis zu ihrem Tod im Alter von zweiundneunzig Jahren ihre Leidenschaft. Katharina Bamberg zählt zu den wenigen Künstlerinnen, die nicht in Vergessenheit gerieten. Ausstellungen in Hamburg 1977 und in Stralsund 1999 würdigten eine der wichtigsten Malerinnen von Hiddensee.

Anke Manigold

»Warum lassen Sie Ihre Tochter nicht lieber ordentlich kochen lernen? Es gibt so viele schlechte Künstlerinnen und so wenig gute Köchinnen.«

Elisabeth Büchsel

1867–1957

»Denn vollkommen ist doch keine meiner Arbeiten, wer schafft Vollendetes, so lange er lebt.«

Wenn Elisabeth Büchsel über die Insel Hiddensee streifte, traf sie auf ihr wohlgesinnte Menschen. Die Malerin hatte mit ihrer warmherzigen Art und der Fähigkeit, plattdeutsch zu sprechen, die Herzen der Fischer auf Anhieb erobert. »Tante Büchsel«, wie sie die Kinder nannten, kam seit dem Jahr 1904 jeden Sommer aus Stralsund nach Hiddensee, im Gepäck ihre Malutensilien und den weißen Schirm. Die Insel wurde zum künstlerischen Mittelpunkt ihres Lebens. Bevor sie im Alter von siebenunddreißig Jahren hier zu malen begann, hatte sie in verschiedenen Privatschulen eine Ausbildung zur Künstlerin erhalten.

Elisabeth wurde 1867 als zweite Tochter des Tuchhändlers Ernst Godhilf Felix Büchsel und seiner Frau Maria Anna Wilhelmine in Stralsund geboren. Früh zeigte sich ihre Begabung, die von den Eltern erkannt und gefördert wurde: Sie erhielt Privatstunden in Zeichnen und Malen, Fächer, die zur guten Erziehung einer jungen Frau aus großbürgerlichen Kreisen gehörten. Elisabeth aber sah Malen und Zeichnen nicht nur als schöngeistigen Zeitvertreib, sie wollte Künstlerin werden. Erst als die Tochter volljährig war, gaben die Eltern ihrem drängenden Wunsch nach, ein Malstudium in Berlin bei Paul Flickel aufzunehmen, einem vom Impressionismus beeinflussten Landschaftsmaler, der die Freiluftmalerei pflegte und seinen Schülerinnen Unterricht in der Natur erteilte. Jedoch bereits nach kurzer Zeit wurde Elisabeth von den besorgten Eltern zurückgerufen – ein Beispiel für die Schwierigkeiten einer Frau in damaliger Zeit auf dem Weg in ein selbstbestimmtes Leben. Zurück in Stralsund, verdiente sie sich mit Stundengeben in Malen und Zeichnen und mit Porträtaufträgen das nötige Geld, um sich verschiedene Reisen leisten zu können. Die Italienreise finanzierte ihr ein Kunstliebhaber aus Stralsund, für den sie Kopien alter Meister anfertigte. 1896 ging sie erneut nach Berlin, dieses Mal auf eigene Faust und ohne eine finanzielle Unterstützung ihrer Familie. Im »Verein Berliner Künstlerinnen und Kunstfreundinnen« nahm sie Unterricht bei Franz Skarbina. Gerade aus Paris zurück, riet er seinen Schülerinnen zu einem Aufenthalt in der Kulturstadt, um dort wenigstens für ein paar Monate in einer der von renommierten Künstlern geleiteten Akademien zu studieren. Vermutlich um 1900 – und ohne das Einverständnis der Eltern – traf die junge Stralsunderin in Paris ein. »Bin in Paris, schicke mir Geld«, telegrafierte sie ihrem Vater forsch und selbstbewusst. Der antwortete umgehend: »Komme sofort nach Hause, ich schicke kein Geld.«

Im Frühjahr 1903 schrieb sie sich in der Académie Colarossi am Montparnasse ein, einer der beliebtesten Privatschulen in Paris. Bildhauerei und Zeichnen standen hier auf dem Programm. Zu der internationalen Studentenschar gehörten auch Lyonel Feininger, Marc Chagall und Camille Claudel, die Lebensgefährtin von Auguste Rodin, sowie Paula Modersohn-Becker, die seufzend nach Hause schrieb: »Im Atelier hört man sechs Sprachen, das ist oft zum Davonlaufen.« Elisabeth studierte bei Lucien Simon und malte im impressionistischen Stil Ansichten von der Seine und von der Pont des Arts.

Elisabeth beendete ihre Studienzeit, die sie wiederholt mit den Ideen der französischen Impressionisten in Berührung brachte, an der privaten Schule von Christian Landenberger in München, der ihren bereits geschulten Blick auf die Schönheit der Natur und die atmosphärischen Veränderungen des Lichts lenkte.

Unter diesem Eindruck kehrte sie nach Stralsund zurück. Lange hielt sie es nicht in der Stadt, sie strebte hinaus in die Natur – nach Hiddensee – die Insel, die sie nie mehr loslassen sollte. Sobald der erste Frühlingshauch über die Hügel der Insel strich, bezog sie ihre schlichte Stube im alten Haus der Familie Grau in Vitte. Erst wenn Nässe und Kälte im Herbst das Arbeiten draußen unmöglich machten, bestieg sie den Dampfer nach Stralsund.

Jeden Tag streifte sie – mit Malgerät und Staffelei auf dem Rücken – durch die Landschaft. Sie malte einen Spätsommertag in der

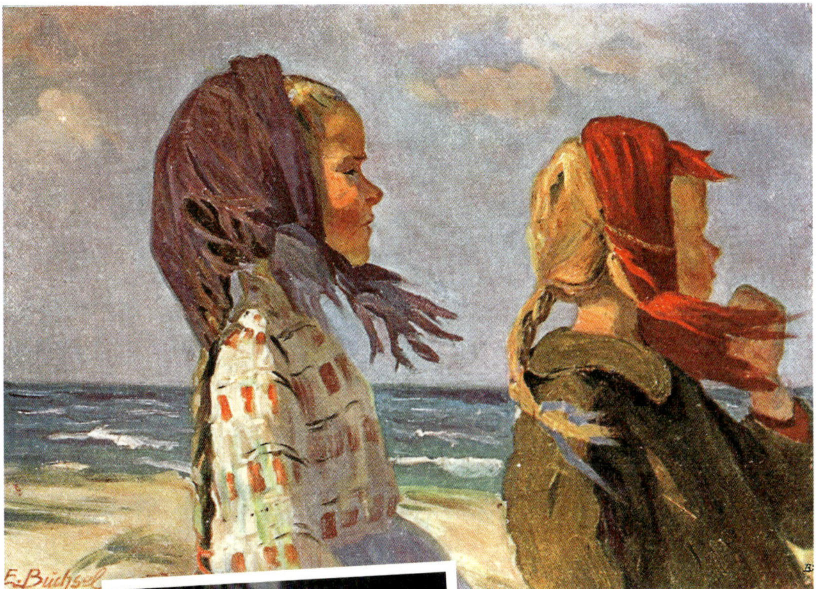

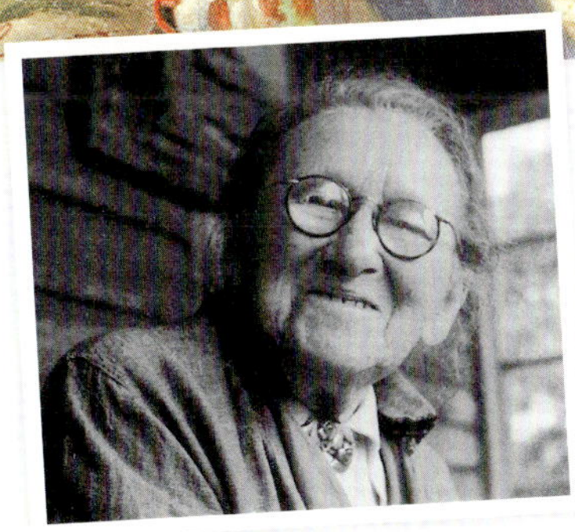

OBEN: *»Im Winde«*

LINKS: *Elisabeth Büchsel im Alter von 85 Jahren*

Dünenheide, die Mutter mit ihren Töchtern oder das alltägliche Leben der Fischer, die ihre Netze flicken. In Anlehnung an die impressionistische Bildauffassung eines Claude Monet benutzte sie aufgehellte, lichte Farben, aber sie verzichtete darauf, ihre Figuren ganz im Licht aufzulösen und nur als Farbtupfer in einem Schwall ineinanderflutender Sinneseindrücke zu behandeln. Andererseits belegen ihre Bilder von bunt blühenden Juniwiesen und von Fischerhäusern, hinter deren kleinen Fenstern das Licht der Petroleumlampen scheint, ein Lebensgefühl, das in seiner Heiterkeit und seinem Harmoniebedürfnis eine Nähe zum französischen Impressionismus aufzeigt.

Bis auf eine Ausstellung des »Kunstvereins für Neuvorpommern und Rügen«, 1900, wo Elisabeth Büchsel ein Porträt präsentierte, sind keine weiteren Beteiligungen von ihr an Ausstellungen nachzuweisen. Seit 1922 gehörte sie zu dem von Henni Lehmann und Clara Arnheim gegründeten »Hiddenseer Künstlerinnenbund«, der für die Malerinnen ein erster Schritt in die Öffentlichkeit bedeutete. Während andere Künstlerinnen der Künstlerkolonie einen regelmäßigen Kontakt zum offiziellen Kunstbetrieb, etwa in Berlin, suchten, fand Elisabeth ihre künstlerische Verwirklichung auf der kleinen Insel Hiddensee. »Sie ist tief verwachsen mit dem ›Söten Länneken‹ und den Menschen, die darauf lebten, und sie gehört so untrennbar zu Hiddensee, wie die Höhenlinien des Dornbuschs und die Weite der flachen Weiden ...«, so Arnold Gustavs, der Inselpfarrer.

Nur selten entzog sie sich dem Inseldasein und reiste durch ganz Europa. Nach Hiddensee kam Elisabeth Büchsel jedoch immer wieder zurück – solange ihre Gesundheit es erlaubte, zuletzt 1952 und mittlerweile im Alter von 85 Jahren. Die letzten Jahre bis zu ihrem Tod lebte sie in Stralsund. In den vergangenen Jahren erhielt die Künstlerin durch Ausstellungen ihrer Werke eine neue Wertschätzung, zuletzt in der 2007 auf Hiddensee gezeigten Ausstellung »Tante Büchsel ist zurück ...«.

Anke Manigold

Clara Arnheim* & Henni Lehmann**

*1865–1942 **1862–1937

»Die bildende Kunst im eigentlichen, im engsten, im höchsten Sinne bildet wie die erste schöpferische Kraft der Welt, ... und der echte Künstler weiß dem allen den Atem seiner Seele einzuhauchen, dass es lebt.«

Früh zeigte sich die künstlerische Begabung der 1865 in Berlin-Charlottenburg geborenen Clara Arnheim. Durch Unterricht bei Berliner Künstlern und Studien in Paris, bei dem symbolistischen Maler Edmond Amand-Jean sowie dem Neo-Impressionisten Ernest Laurent entwickelte Clara Arnheim ihren eigenen Stil. Sowohl die Komposition ihrer Landschaftsbilder als auch die von ihr gewählten Farben künden vom Einfluss der französischen Impressionisten. Darüber hinaus wollen Clara Arnheims Bilder über die reine gegenständliche Abbildung hinaus etwas über diesen Gegenstand mitteilen, was ebenfalls typisch für den damals radikal neuen, impressionistischen Ansatz ist.

Über Clara Arnheims Herkunft ist wenig bekannt. Kaum mehr, als dass sie aus jüdischer Familie stammte und sich als Erwachsene evangelisch taufen ließ, dass sie einen Bruder namens Fritz hatte, der Historiker wurde, sowie eine Schwester, von der nicht einmal der Name überliefert ist – und dass sie selbst unverheiratet blieb.

Seit dem Jahr 1904 gehörte Clara Arnheim dem Verein »Berliner Künstlerinnen e.V.« an und nahm dort an zahlreichen Ausstellungen teil. Außerdem war sie Mitglied des Deutschen Lyceum-Clubs, der in Berlin in einem eigenen Haus logierte und dem der dort ansässige Frauenkunstbund angegliedert war. Von Oktober 1914 bis April 1915 leitete Arnheim dort die ständigen Ausstellungen. Auf der während der Sommermonate 1914 veranstalteten »Weltausstellung für Buchgewerbe und Graphik Leipzig«, auf der Exponate des Buchwesens sowie Entwürfe für Plakate und Buchillustrationen gezeigt wurden, wurde Clara Arnheim mit der Goldmedaille ausgezeichnet.

Die Sommermonate verbrachte die Berliner Malerin über viele Jahre auf Hiddensee. Ihre dort entstandenen Ölgemälde zeigen die Landschaft oder erzählen von den Fischersleuten am Strand, Dorfkindern auf einer Wiese oder Müttern mit ihren Töchtern, die im Schein der abendlichen Lampe in der Stube Näharbeiten verrichten. Gemeinsam ist Clara Arnheims Figuren ein ernster, mitunter abgewandter Ausdruck, durch den die Künstlerin etwas von der Härte und Kargheit des Seeküsten-Lebens jener Zeit vermittelt. Andererseits besticht Arnheims Malerei durch ihre meist zarten, manchmal fast blass erscheinenden Farben, die die Weite und Luftigkeit der Landschaft und das über ihr scheinende Licht wiedergeben. Sie wusste sowohl die Schwermut als auch das Licht Hiddensees einzufangen, Bewegungen und Stimmungen sowie ihr eigenes Empfinden widerzuspiegeln. Wenn sie sommers auf Hiddensee weilte, wohnte Clara Arnheim meist bei dem Mühlen- und Bäckermeister Schwartz in Vitte, dessen Haus sie auf einer ihrer Radierungen abbildete.

Schräg gegenüber logierte Henni Lehmann, auch sie Berlinerin, auch sie jüdischer Herkunft. Hennis Vater, Dr. Wolfgang Strassmann, war über zwanzig Jahre liberaler Abgeordneter in der Berliner Stadtverordnetenversammlung und Mitglied des Preußischen Abgeordnetenhauses, als Arzt hatte er überdies karitative und kommunalpolitische Projekte vorangetrieben – ein Vorbild in Sachen Engagement auch für seine liberal gesinnte Tochter Henni. Die interessierte sich besonders für Malerei, musste sich wie ihre Hiddensee-Kolleginnen Antonie Biel und Elisabeth Büchsel ihre Ausbildung aber auch jenseits der staatlichen Akademien suchen. Nach dem Besuch der Königlichen Kunstschule in Berlin, der Heirat mit dem ebenfalls jüdischen Justizprofessor Geheimrat Karl Lehmann im Jahr 1888 und der Geburt ihrer drei Kinder ließ das Ehepaar Lehmann in Vitte auf Hiddensee ein Sommerhaus erbauen, das es ab 1907 nutzte. Zu dieser Zeit zog Eisabeth

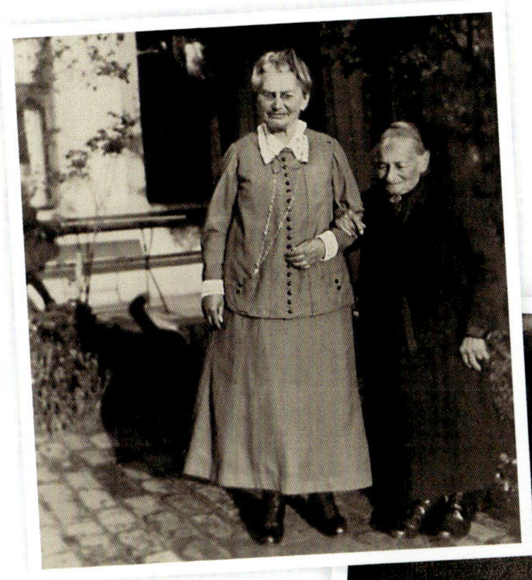

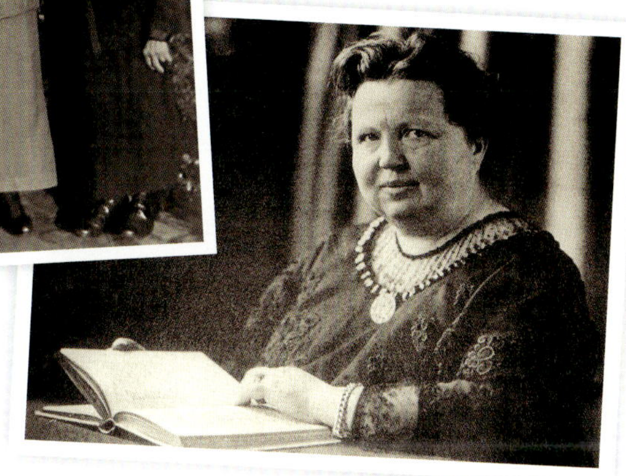

OBEN: *Die 70-jährige Clara Arnheim mit ihrer Stiefschwester*

RECHTS: *Die jüdische Malerin Henni Lohman*

Büchsel bereits mit ihrer Staffelei über die Insel. Nun begegneten sich dort auch Clara Arnheim und Henni Lehmann.

Zusammen mit Henni Lehmann als treibende Kraft gründete Clara Arnheim 1922 den »Hiddenseer Künstlerinnenbund«, und die rührige Initiatorin Lehmann sorgte auch gleich für einen Ausstellungs- und Verkaufsraum: eine blau gestrichene Scheune, wo die vielseitig begabte Henni malen, dichten und musizieren konnte. Möglicherweise hatte die Künstlerin Käthe Kollwitz, der einige der Malerinnen bereits in Berlin oder eben auf Hiddensee begegnet waren, einen entscheidenden Anstoß zur Gründung des Künstlerinnenbundes gegeben und die talentierten Damen zu diesem Schritt in die Öffentlichkeit ermutigt. Der künstlerische Anspruch, zumal der Henni Lehmanns, war hoch, 1914 schrieb sie: »Die bildende Kunst im eigentlichen, im engsten, im höchsten Sinne bildet wie die erste schöpferische Kraft der Welt, sie scheidet Licht und Finsternis, trennt Wasser und Land – sie schafft

Tiere und Pflanzen und das Bild des Menschen, und der echte Künstler weiß dem allen den Atem seiner Seele einzuhauchen, dass es lebt.«

Dem »Hiddenseer Künstlerinnenbund« gehörten zeitweise bis zu zwanzig Malerinnen an, neben Clara Arnheim und Henni Lehmann auch Elisabeth Andrae, Katharina Bamberg, Elisabeth Büchsel, Käthe Loewenthal und Dora Stroschein sowie Augusta von Zitzewitz und Julie Wolfthorn. Die meisten von ihnen fanden zu einem eigenen Malstil, einem eigenen Ausdruck für ihre Empfindung und für ihre Sicht auf die Besonderheiten dieser dünn besiedelten, kleinen Insel mit ihren Bäumen, Dünen, Hügeln und schroffen Klippen einer bröckelnden Steilküste, mit Schilfgürteln, die bis an die geduckten Häuser reichen, mit dürren Kiefern, Sumpfwiesen, Heidesträuchern, Besenginster, Sanddornbüschen, langen Deichen, dem Wind – und den ewig rollenden Wellen.

Die Nationalsozialisten besiegelten das Ende des »Hiddenseer Künstlerinnenbundes«. Die unangepassten und nicht selten feministisch eingestellten »Malweiber« waren den Angriffen der NS-Kulturpolitk ausgesetzt. Die Jüdinnen unter ihnen erhielten als Erste Berufs- und Ausstellungsverbot. Henni Lehmann wählte, dem Druck nicht mehr standhaltend und durch eine schwere Krankheit gezeichnet, den Freitod. Käthe Loewenthal und Julie Wolfthorn wurden in Vernichtungslager deportiert. Clara Arnheim wurde im Juli 1942 nach Theresienstadt verschleppt und starb dort Ende August. Nach ihrem Tod weitgehend vergessen, ist es insbesondere das Verdienst neuerer Publikationen wie auch der im Februar 1999 in Braunschweig stattgefundenen Ausstellung »Clara Arnheim. Bilder einer jüdischen Künstlerin«, dass Malerin und Werk nun auch weit über Hiddensee hinaus die gebührende Anerkennung zuteil wird.

Katja Behling

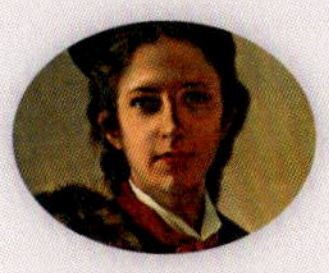

Ahrenshoop

Nur eine Bauernwirtschaft und eine Windmühle, ein Bauernhof und wenige Häuser duckten sich in die Dünenlandschaft, durch die sich eine unbefestigte Sandstraße schlängelte. Dieser Anblick bot sich Paul Müller-Kaempff, als er auf einer Wanderung auf dem Fischlande das kleine verschlafene Ahrenshoop entdeckte. »Wir hatten von seiner Existenz keine Ahnung und blickten entzückt auf dieses Bild des Friedens und der Einsamkeit. Kein Mensch war zu sehen, die altersgrauen Rohrdächer, die grauen Weiden und grauen Dünen gaben dem ganzen Bilde einen Zug tiefsten Ernstes und vollkommener Unberührtheit«, so der Berliner Maler im Jahr 1889. Zu diesem Zeitpunkt wird er noch nicht geahnt haben, welche Bedeutung dieses Erlebnis für seine eigene künstlerische Laufbahn und auch für die Entwicklung des Orts haben würde: Ahrenshoop, das kleine Dorf auf dem Darß an der Ostsee, wurde zu einer berühmten Künstlerkolonie. Fasziniert von dem einzigartigen Licht, das sich glänzend über die schmale Landzunge zwischen Bodden und Meer legte und bei Sonnenschein die Schatten der Häuser und Dörfer gestochen scharf herausschälte, beschloss Paul Müller-Kaempff, in Ahrenshoop sesshaft zu werden. 1892 ließ er sich ein Haus an der Dorfstraße auf dem Grundstück seiner Wirtin Schuhmacher bauen, wenig später gründete er eine Malschule mit Pension, die er nach dem Schutzpatron der bildenden Künstler »St. Lukas« benannte. Der Grundstein für eine Künstlerkolonie in Ahrenshoop war gelegt. Die hier entstandenen Werke wurden regelmäßig in den Räumen des »Kunstkaten« gezeigt, die der rührige Müller-Kaempff 1909 eröffnet hatte.

Die private Malschule zog vor allem Künstlerinnen an. Das selbstbewusste Auftreten dieser jungen Frauen muss den Ahrenshoopern höchst suspekt gewesen sein: Sie schlenderten lachend und schwatzend, das Malgepäck quer auf dem Rücken zu einem Ranzen geschnürt, über die Wiesen und Felder, vorbei an den Einheimischen, die ihrer Tagesarbeit nachgingen. Nur wenige Künstlerinnen tauschten ihr elegantes Kleid gegen einen praktischen Malerkittel. Sie »schleiften ihre weißen, gestickten Kleider über der eingeschnürten Taille durch den Dünensand und glaubten ländlich zu sein, wenn sie über ihr Toupet den Flandernhut stülpten«, mokierte sich Käthe Miethe, eine Fischländer Heimatschriftstellerin.

Anna Gerresheim und Elisabeth von Eicken gehörten zu den ersten Malerinnen, die sich nach Müller-Kaempff in Ahrenshoop ansiedelten. Später gesellte sich einen Sommer lang Doris am Ende dazu, die Cousine von Hans am Ende aus Worpswede. 1909 kam Cesar Klein, und 1911 fand sich Dora Koch-Stetter ein. Im gleichen Jahr malten im nahe gelegenen Prerow Marianne Werefkin, Alexej Jawlensky und Erich Heckel, drei berühmte Maler des später aufblühenden Expressionismus.

Mit den Künstlern kamen auch die Sommerfrischler, die sich an den schönsten Plätzen im Seebad ihre Sommervillen bauten. Ahrenshoop war damals, und zeigt darin Parallelen zu der kleinen Insel Hiddensee, ein beliebtes Seebad und »tatsächlich eine Künstlerkolonie. Wohin man schaute – überall saß jemand zeichnend auf einem Stühlchen oder stand vor einer Staffelei, und besonders beliebte Motive wie das Dornenhaus waren förmlich umlagert«, so Käthe Miethe. Die naturbegeisterten Landschaftler zogen sich zum Schutz vor der unbeständigen Witterung in kleine mobile Malerhäuschen mit verglasten Fenstern und einem Ofen zurück, von denen aus sie das Motiv im Blick hatten.

Der Ausbruch des Ersten Weltkriegs bedeutete das Ende der Künstlerkolonie in Ahrenshoop. Paul Müller-Kaempff verkaufte 1919 die Malschule »St. Lukas«, der »Kunstkaten« ging in andere Hände über, und viele Maler kehrten in die Großstädte zurück.

Anna Gerresheim

1852–1921

»Sie präsentierte sich als selbstbewusste Malerin, die sich nicht scheute, dem Betrachter offen in die Augen zu blicken.«

Anna hat schon wieder einen ganzen Kreis junger Damen kennengelernt, von denen eine ihr immer liebenswürdiger entgegenkommt als die andere; am meisten hat sie sich unterhalten mit 2 jungen Gräfinnen v. Bülow, die sich zu ihr gesetzt u. ganz reizend gewesen [waren]«, schrieb Dorothea Gerresheim voll des Lobes am 19. März 1875 in einem Brief an ihre ältere Tochter Bertha über deren Schwester. Anna, die junge Malerin aus Güstrow, fand Anklang in den Kreisen des sächsischen Landadels von Dresden und war mit Auftragsarbeiten gut ausgelastet. Sie porträtierte junge Damen und Kinder und zeigte viel Gespür für den Menschen, den sie malte. Es ist aber nicht nur allein ihre Porträtkunst, die sie beliebt machte, sondern auch ihre charmante Persönlichkeit: auffallend durch ihre braunen Augen, ihren brünetten Teint und das volle Haar – und ihre natürliche Gabe, Menschen für sich zu gewinnen. In einem Selbstporträt aus dem gleichen Jahr präsentiert sich die Dreiundzwanzigjährige als eine selbstbewusste Malerin, die sich nicht scheut, dem Betrachter offen in die Augen zu blicken. Ihre elegante Kleidung, das Barett und der schmale Pelzkragen verleihen ihr eine mondäne Note, als wolle sie ihre Zugehörigkeit zur großbürgerlichen Welt illustrieren.

Anna wurde 1852 als sechstes Kind des Theologen und Juristen Eduard Adolph Gerresheim und seiner Frau Dorothea in Ribnitz geboren. Die Familie lebte später in Güstrow. Anna begann schon früh, sich künstlerisch zu betätigen. Sie »ist augenblicklich beim Beginn eines mächtig, großen Oelbildes, es ist als Weihnachtsgeschenk für die Hamburger bestimmt, das Sujet stellt eine Wassermühle in hübscher

Umgebung vor«, schrieb die Mutter stolz. Sie war es, die ihre Tochter in ihrem Vorhaben, Malerin zu werden, unterstützte und Anna in aufopfernder Zuwendung auf dem steinigen Weg zu einem eigenständigen Leben als Künstlerin zur Seite stand. Im Herbst des Jahres 1874 ging Anna nach Dresden und begann das Studium der Porträtmalerei bei August tom Dieck.

Nach dem Tod des Vaters im Jahr 1876 verkaufte die Mutter das Haus in Güstrow und entschied, mit Anna einen gemeinsamen Hausstand in Berlin zu gründen, wo sie ein möbliertes Zimmer bezogen. Während die Mutter sich um den Haushalt und um die talentierte Tochter kümmerte, ließ sich Anna an der privaten Malerakademie für Damen von Karl Gussow in Porträtmalerei fortbilden. Es folgten Studienreisen nach Dänemark, England und schließlich nach Paris. Dort setzte sie in der privaten Malschule der berühmten Bildnismaler Emile August Duran und Jean Jacques Henner ihr Studium fort. Die Stunden in der Akademie allerdings waren ihr weniger wichtig, als in den Museen und Ausstellungen die Bilder der Impressionisten zu studieren. Als Wegbereiter der Moderne hinterließen sie auch in ihrem Werk deutliche Spuren. In Berlin zurück, gab sich die Mutter enttäuscht vom »traurigen Schmierwerk«, von der lockeren, skizzenhaften Pinselschrift ihrer Tochter, die ihre Bilder nun in den Ausstellungen des »Vereins der Berliner Künstlerinnen« präsentierte. Die Kritik in der *Vossischen Zeitung* von 1890 hingegen beurteilte Anna »als ein kräftiges Talent« und wies dabei besonders auf die Ansichten vom urwüchsigen »Ahrenshooper Wäldchen« hin. Ein Motiv, das die Künstlerin – ähnlich wie Elisabeth von Eicken – in stimmungsvolle Naturausschnitte verwandelte. Eine der Stärken Annas war die Fähigkeit, das geheimnisvolle Dickicht des Waldinneren durch ein fein abgestuftes Licht- und Schattenspiel zum Ausdruck zu bringen.

Ahrenshoop, das ländliche, abgeschiedene Dorf, hatte Anna bereits Jahre zuvor während eines Besuchs auf dem Fischland begeistert. Gern hätte sie Berlin dafür verlassen, die Mutter aber erklärte kategorisch: »Das sollte mir auch noch fehlen, ich möchte an dem Ort nicht todt, viel weniger lebendig sein!« Den ersehnten Traum von einem eigenen Haus in Ahrenshoop erfüllte sich Anna erst nach dem Tod

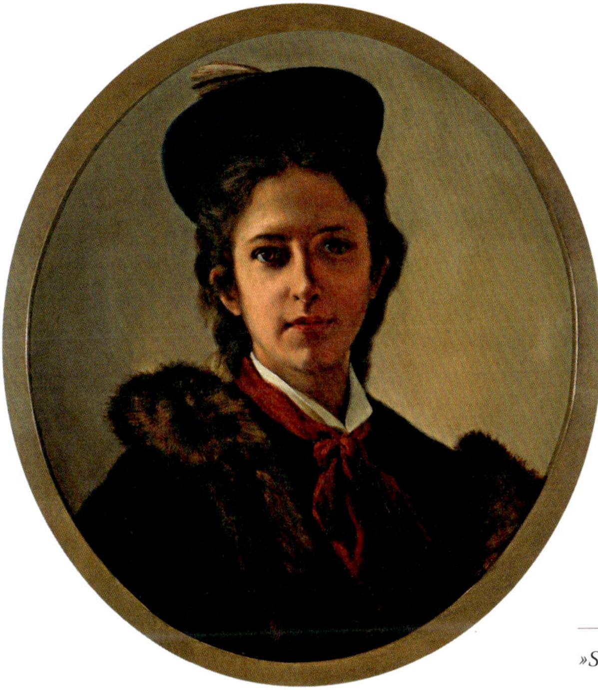

»Selbstporträt«, 1875

ihrer Mutter. Finanzieren konnte sie es durch ein kleines Erbe und die Ersparnisse ihrer älteren Schwester Bertha. Die beiden Schwestern, die fortan unter einem Dach lebten, blieben unverheiratet. Ihren Lebensunterhalt verdienten sie durch Klavier- und Malstunden, Vermietungen an Sommergäste und den gelegentlichen Verkauf von Annas Bildern. Anna Gerresheim sah sich jetzt als Landschaftsmalerin – veranschaulicht in einem Selbstbildnis aus dem Jahr 1890: Die rechte Hand die Palette haltend, weist die linke mit dem Pinsel auf die Landschaftsbilder direkt neben ihr. In den folgenden Jahren malte sie überwiegend Bilder, die vom Fischland und dem Darß erzählen.

Im Jahr 1928, sieben Jahre nach ihrem Tod, zeigte die Große Berliner Kunstausstellung im Gedenken an Anna Gerresheim eine Reihe ihrer Landschaftsgemälde. Danach sah man nur noch selten Arbeiten der Künstlerin. Der rege Briefwechsel der Mutter mit ihren Kindern gibt heute Aufschluss über Anna Gerresheims Leben und Werk.

Anke Manigold

Elisabeth von Eicken

1862–1940

»Sie gehörte zum allerersten Stamm der Kolonie, der sich im Anfang der neunziger Jahre ... das Dorf und seine weitere Umgebung mit Haut und Haaren ... künstlerisch verschlang.«

Diese Malerin, die ihre künstlerische Ausbildung in Paris erhalten hat, verbindet mit einem eminenten künstlerischen Können, einem glänzenden, satten Kolorit, eine durchaus persönliche Naturauffassung, deren kraftvolle Eigenart ihre Bilder unter hundert anderen sofort erkennen lässt.« Dieses großartige Lob des Kritikers Anton Hirsch aus dem Jahr 1905 galt der Malerin Elisabeth von Eicken, deren künstlerischer Wirkungskreis sich sowohl in Berlin als auch in Ahrenshoop befand.

Über Elisabeths Herkunft und Jugendzeit weiß man wenig. Sie wurde 1862 in Mülheim an der Ruhr geboren und begann nach Studien in Meran, Mentone, Genf und Berlin im Jahr 1882 eine Ausbildung zur Künstlerin in Paris. Die erhielt sie im Atelier von Edmond Yon, der gerade Stimmungslandschaften aus der Umgebung von Paris malte. Der Aufenthalt ermöglichte ihr einen intensiven Gedankenaustausch mit der Pariser Avantgarde, denn sie erlebte die Zeit des allgemeinen künstlerischen Aufbruchs in der Stadt. Vermutlich besuchte sie auch das nahe von Paris gelegene Dorf Barbizon im Wald von Fontainebleau, das durch die Maler Camille Corot, Jean-François Millet und Charles-François Daubigny eine entscheidende Rolle in der Entwicklung der Landschaftsmalerei zur Freilichtmalerei der Impressionisten spielte.

Im Jahr 1894 baute sich Elisabeth von Eicken ein Atelierhaus in Ahrenshoop an der Dorfstraße, auf der sogenannten Schifferseite. Nach Anna Gerresheim, Paul Müller-Kaempff und Friedrich Wachenhusen gehörte nun auch sie zu dem »allerersten Stamm der Kolonie, der sich im Anfang der neunziger Jahre hier niederließ und das Dorf und seine weitere Umgebung mit Haut und Haaren verschlang. Künstlerisch verschlang«, schrieb Edmund Edel im August 1907 im *Berliner Tageblatt*. In der ländlichen Abgeschiedenheit des Fischerdorfs Ahrenshoop, wo sie im Freien arbeitete, fand Elisabeth ihre Motive: Sie malte die in die Wiesen geduckten Katen, die Ahrenshooper Mühle und in Anlehnung an die Maler aus Barbizon, Ausschnitte aus der heimischen Natur: Ansichten vom Ahrenshooper Wäldchen.

Den Kontakt zum Kunstbetrieb hielt Elisabeth auch in ihrer Ahrenshooper Zeit aufrecht. Sie schickte ihre Bilder regelmäßig auf Ausstellungen nach Berlin, wo sie Mitglied des »Vereins der Künstlerinnen und Kunstfreundinnen in Berlin« war, nach München, Dresden und nach Düsseldorf. Mehrmals war sie auch auf dem Pariser Herbstsalon vertreten, was für eine deutsche Künstlerin eine große Auszeichnung bedeutete. Elisabeth hatte den künstlerischen Durchbruch geschafft – sie war eine gefragte Landschaftsmalerin. In der Beilage zur *Vossischen Zeitung* vom 20. Februar 1896 werden ihre Bilder gerühmt als

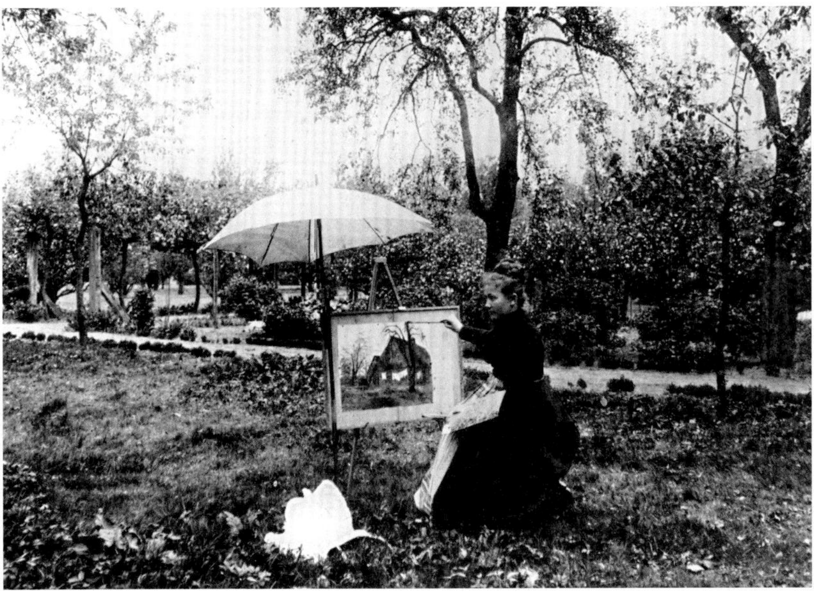

Elisabeth von Eicken an ihrer Staffelei

»malerische Schöpfungen von hohem Range, in denen das tiefe, feine und innige Naturgefühl der Künstlerin und ein ungewöhnlich gereiftes Können sich erfreulich offenbaren.« 1897 präsentierte sie in der Großen Berliner Kunstausstellung gleich sechs ihrer schönsten Landschaftsbilder, von denen vor allem vier Waldbilder großes Aufsehen erregten, darunter das Gemälde *Im Moor*, das bezeichnend ist für ihre sehr eigene Bildidee: Hauptmotiv ist die Sicht in die Tiefe des Waldes, die den Blick des Betrachters mit sich zu ziehen scheint. Unter dem Eindruck der Pariser Zeit malte sie zwar noch im impressionistischen Stil, aber die Handhabung der satten Farben des Herbsttags gehen zunehmend über das bloße Erfassen des flüchtigen Augenblicks hinaus: Die Landschaft wird Ausdruck subjektiver Stimmungen, ein Merkmal, das auch ihre späteren Bilder wie ein roter Faden durchzieht.

»... malerische Schöpfungen von hohem Range, in denen das tiefe, feine und innige Naturgefühl der Künstlerin und ein ungewöhnlich gereiftes Können sich erfreulich offenbaren.«

1897 heiratete Elisabeth von Eicken Jeffry Henry Edler von Paepke, einen Gutsbesitzer aus Lübtheen, der in hohem Maße Verständnis für die Kunst seiner Frau zeigte und sie im Hinblick auf die Verwirklichung ihrer künstlerischen Vorstellungen nach allen Möglichkeiten unterstützte. So war Elisabeth, und das unterscheidet sie von vielen anderen Malerinnen, die häufig ihren künstlerischen Beruf der Familie unterzuordnen oder ganz aufzugeben hatten, frei von jenen einengenden Grenzen, die andere bisweilen verzweifelt zu überwinden suchten.

Nach dem Verkauf des Familienguts zog das Ehepaar in eine Villa in Berlin-Grunewald. Von da an verbrachte Elisabeth die Sommermonate in Ahrenshoop, um allein in der Natur zu arbeiten. Die Wintermonate lebte sie mit ihrem Mann und den drei Kindern in Berlin, wo sie Aufträge für Porzellan- und Freskenmalerei ausführte und später auch eine Werkstatt für Tapetenmuster gründete. Das Ahrenshooper Wohnhaus von Elisabeth von Eicken in der Dorfstraße 39 wird heute als Landhotel genutzt.

Anke Manigold

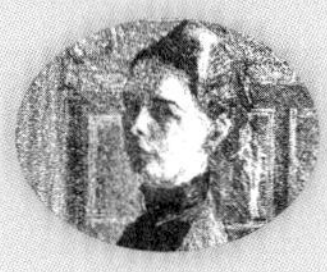

Nidden

»Die Kurische Nehrung ist so merkwürdig, da man sie eigentlich ebensogut als Spanien oder Italien gesehen haben muß, wenn einem nicht ein wunderbares Bild in der Seele fehlen soll«, rühmte Wilhelm von Humboldt 1809 die schmale Landzunge zwischen Ostsee und Haff, deren klares Licht den Naturwissenschaftler zu einem Vergleich der Halbinsel mit mediterranen Gefilden bewog. Nach ihm kamen die Künstler, die, an der Schwelle zu einem neuen Verständnis der Landschaftsmalerei, die Insel für sich entdeckten.

Das kleine Fischerdorf Nidden (heute Nida in Litauen) auf der Kurischen Nehrung gehört zu den ältesten Künstlerkolonien in Deutschland. Im ausgehenden 19. Jahrhundert machten Künstler, die meisten von ihnen Studenten der Königsberger Kunstakademie, den Salonmief und die strengen Arbeitsprinzipien leid, diesen abgeschiedenen Ort zum Malerparadies. Sie stellten ihre Staffeleien unter freiem Himmel auf, feierten die Farbe und das Licht und ließen sich von der Natur inspirieren: von den langen Sandstränden, den Schilfufern und der bedrohlichen Macht der Wanderdüne. Solche Ansichten zeigte der Maler Ernst Bischoff-Culm auf Ausstellungen in Berlin, seit er 1888 nach Nidden gekommen war. Er war es, der dieses unberührte Fleckchen Erde überregional bekannt machte und manchen seiner Kollegen zu einer Reise in das kleine Dorf animierte. Auch Thomas Mann nahm immer wieder die beschwerliche und lange Fahrt von München auf sich, um die Sommerfrische auf Nidden zu genießen. Und so wie es für Thomas Mann fast üblich war, kaufte er dort auch gleich ein Haus.

Binnen kurzer Zeit erfreute sich dieser Landstrich großer Beliebtheit in der Künstlerschaft. Einer der berühmtesten Gäste war Lovis Corinth, der 1893 den Friedhof in Nidden malte. Wenig später fand sich das Schwesternpaar Anna Natalie und Margarethe Sinnhuber aus Memel in Ostpreußen ein, deren Liebe zur Kurischen Nehrung ein Leben lang hielt und sich in Motiven, wie den malerischen Fischerkähnen im Schilfgürtel am Haff, widerspiegelt. Zu dem ersten Künstlerkreis gesellte sich auch die Grafikerin Helene Neumann aus Königsberg, die ihre Sujets in verschiedenen Radierungen festhielt. Als einer der modernsten Maler traf 1909 Max Pechstein aus Berlin ein: »Eine wundervolle Landschaft mit ihrem harten Menschenschlag, dem der Fischerberuf einen eigenen Typ gegeben hatte. Nach längerem Hin und Her erhielt ich Unterkunft ... Eine kleine Fischerhütte am Haff ... Darin konnte ich allein, ungestört von anderen Menschen, hausen und arbeiten.«

Seine Anwesenheit brachte Unruhe in den impressionistisch gestimmten Niddener Künstlerkreis um Ernst Bischoff-Culm. »Der Kampf der Stile begann: hie Impressionismus, hie Expressionismus. Pechstein zog Schmidt-Rottluff, den wilden Brücke-Maler, nach sich, die Ansichten wurden immer verworrener, die Gegensätze immer krasser, sehr zum Schaden der früheren gemütlichen Eintracht. Aber Niddens Ruhm als Künstlerkolonie stieg mit Pechsteins Ruhm, und immer neue Kreise zog der eine Kreis bei Blode«, erinnerte sich Hans Kallmeyer, einer der treuesten Künstlerkolonisten.

Das Zentrum der Künstlerkolonie war der Gasthof von Hermann Blode, einem kunstsinnigen Wirt. Bei ihm trafen sich allabendlich die Maler, um auf der Veranda oder im Künstlerzimmer beim Schein kleiner Petroleumlämpchen über Fragen zur Kunst zu debattieren. Die blodesche Veranda diente gleichzeitig als Ausstellungsraum für die in Nidden entstandenen Gemälde, von denen manche gegen ein kleines Entgelt und freie Logis für die Künstler in den Besitz von Hermann Blode übergingen.

Der Gasthof Blode wurde samt seiner Kunstsammlung und der über Jahre geführten Gästebücher 1945 nahezu komplett zerstört, weshalb es heute schwerfällt, die Wirkung Niddens als Malerkolonie und den Kreis jener Künstler zu rekonstruieren, die damals der Besonderheit der Kurischen Landschaft verfallen waren.

Helene Neumann

1874–1942

»Weit aber hinaus über Leistung und Begabung leuchtet die schlichte, immer nur fremde Verdienste anerkennende Anspruchslosigkeit ihres Wesens ...«

Weit aber hinaus über Leistung und Begabung leuchtet die schlichte, immer nur fremde Verdienste anerkennende Anspruchslosigkeit ihres Wesens ...«, hieß es in einer Rede zu ihrem Geburtstag. Demnach darf man Helene Neumann ohne Übertreibung als die Tugend in Person bezeichnen. Doch die Bescheidenheit, die ihre Persönlichkeit offensichtlich ausmachte, hatte auch den Preis, dass Helene ihr außergewöhnliches Talent als Künstlerin nicht in vollem Umfang ausschöpfte.

Helene entstammte einer angesehenen Gelehrtenfamilie. Geboren wurde sie 1874 als Tochter des berühmten Pathologen Ernst Neumann und seiner Ehefrau Anna König, Tochter des Gymnasialprofessors für Mathematik und Astronomie in Königsberg. Ihr Großonkel Ernst August Hagen hatte 1832 als erster ordentlicher Professor für Kunstgeschichte in Preußen an der Albertus-Universität Königsberg den »Kunst- und Gewerbeverein« gegründet. Der bedeutenden Namen nicht genug, war sie außerdem Enkelin des bekannten Physikers Franz Neumann, der als Begründer der mathematischen Physik gilt. Es wundert also nicht, dass sich auch Helene durch auffallend mathematische und künstlerische Begabungen hervortat. Ihre Eltern, die Wert auf eine umfassende Ausbildung ihrer Tochter legten, förderten sie zusätzlich durch private Stunden. Im Alter von dreiundzwanzig Jahren begann sie 1897 ihr Studium zur Grafikerin, vermutlich bei Peter Halm in München. Zur Vertiefung ihres handwerklichen Könnens in der Radierkunst besuchte sie 1902 die gerade eröffnete Damenklasse von Heinrich Wolff an der Königsberger Akademie.

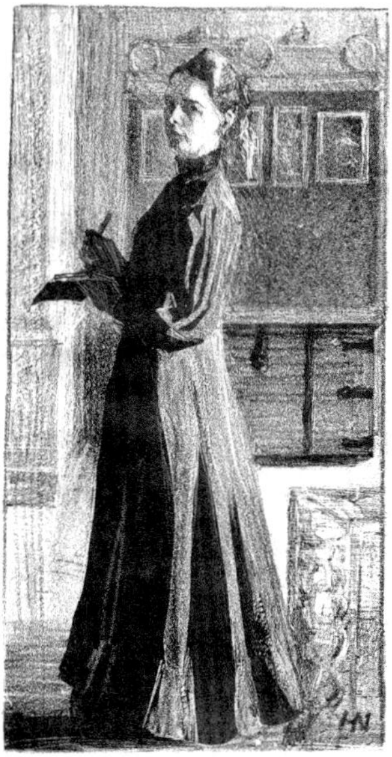

Von Zeit zu Zeit tauschte Helene Neumann Radiernadel und Metallplatte gegen Pinsel und Farbe. Sie gehörte zu den Künstlerinnen, die in den Sommern um 1900 von der Königsberger Akademie nach Nidden auf die Kurische Nehrung zogen, um draußen in der Natur zu malen. Ihre Radierungen, Lithografien und Aquarelle, in denen sie ein hohes künstlerisches Niveau erreichte, zeigen Ansichten vom Haff, von der hohen Düne, der weiten Landschaft und ihren Menschen um Nidden, aber auch von der Stadt Königsberg. Ihre Liebe galt der ostpreußischen Heimat, die sie mit leichtem Strich und zarten Farben festhielt. Diese Arbeiten waren allseits sehr beliebt: Einige ihr schönsten farbigen Lithografien wurden auf Postkarten in hoher Auflage gedruckt. Ihre Bilder schickte sie auf Ausstellungen in Königsberg und Berlin.

Helene Neumann engagierte sich intensiv auf sozialem Gebiet und setzte sich vor allem für die Belange der berufstätigen Frau ein. Sie unterstützte den »Gewerkverein der Heimarbeiterinnen« und erreichte, dass nicht nur in Ostpreußen, sondern in ganz Deutschland die erste tarifliche Bezahlung für Heimarbeiterinnen eingeführt wurde. Eine Krönung ihres Engagements – und damit ihrer Zeit weit voraus – war ihre durch eine Stiftung ihrer Familie getragene Initiative von 1910, ein altes Fischerhaus zu einem Erholungsheim für Heimarbeiterinnen umbauen zu lassen. Das »Helene Neumann Haus« in Sassau gilt als Vorläufer des Müttergenesungswerks in Deutschland.

Helene Neumann ist heute fast vergessen und nur noch jenen ein Begriff, die mit der Geschichte der Kunst Ostpreußens vertraut sind.

Anke Manigold

Selbstporträt: Helene Neumann präsentiert sich als selbstbewusste, junge Radierkünstlerin

VON HAMBURG BIS DÄNEMARK

Im Großen und Ganzen gilt die Erfahrung, daß in Hamburg Gelehrte und Künstler für den gesellschaftlichen Umgang eine Verlegenheit bedeuten, während sie andernorts eine Tafelzierde zu sein pflegen«, bemerkte 1961 der damalige Direktor der Hamburger Kunsthalle Carl Georg Heise – und hatte mit seiner Bemerkung nicht ganz unrecht. Eine klassische Kunststadt ist das merkantile Hamburg nie gewesen. Die Errichtung einer Kunstakademie stand in der florierenden Handelsmetropole an der Elbe lange nicht auf der Agenda, und erst 1919, vor weniger als einem Jahrhundert, wurde die Hansische Universität Hamburg gegründet. Andererseits gab es Ende des 19. Jahrhunderts erste Spuren eines Aufbruchs, nachdem der 1886 berufene erste Direktor der Kunsthalle Alfred Lichtwark sich vorgenommen hatte, aus der Stadt der Kaufleute und Pfeffersäcke eine Metropole der Kunst zu machen. Sein Vorhaben hätte kaum ehrgeiziger sein können. Zwar gab es eine Handvoll Landschaftsmaler und einige traditionelle Genres wie die von den Damen gepflegte Blumenmalerei, doch zog es die Hamburger Künstler den Sommer über an die Orte der Nord- und Ostseeküste und nach Ekensund an der Flensburger Förde, wo viele Ziegeleien die landschaftliche Schönheit des Orts prägten und den Malern Motive boten. Man reiste. Die Ekensunder Maler standen im Austausch auch zur Skagener Künstlerkolonie hoch im Norden Dänemarks. Skagen, Jütland und insbesondere das nahe der dänischen Grenze gelegene Flensburg waren auch die Orte, die für das Schaffen der Malerin Käte Lassen eine wichtige Rolle spielten. Das überwältigende Erlebnis des Meeres, die Weite und Melancholie der norddeutschen Landschaft lösten in der Malerei einen ebenso eigenwilligen wie befreienden Impuls aus, der im Expressionismus seinen Höhepunkt fand.

Um der Hansestadt künstlerisch frischen Wind zu geben, lockte Lichtwark hamburgische Kunststudenten, die an den Akademien von Berlin bis München studierten, zurück an die Elbe. Ein Jahr vor der »Berliner Secession« wurde der »Hamburgische Künstlerclub von 1897« gegründet, doch hatte es die Gruppe mit ihren französisch beeinflussten Innovationen beim konservativen Hamburger Publikum nicht leicht. Nachdem sie nach dem Ersten Weltkrieg nicht mehr in Erscheinung trat, kam es 1919 zur Gründung der »Hamburgischen Secession«. Ihre Mitglieder, darunter Gretchen Wohlwill, Anita Rée und Alma del Banco, schufen sich mit dieser Vereinigung ein Forum für ihre zeitgemäße Kunst – als Malerinnen der Avantgarde.

Zu den Künstlerinnen, die zwischen 1890 und 1933 in Hamburg arbeiteten, gehören neben Elfriede Lohse-Wächtler, Hella Jacobs, Ursula Wolff-Schneider und Dorothea Maetzel-Johannsen auch Helene und Molly Cramer, die europaweit als Malerinnen von Blumenstillleben geschätzt wurden, Elena Luksch-Makowsky, die vor ihrer Hamburger Zeit erstes weibliche Mitglied der »Wiener Secession« gewesen war, die Senatorentochter Mary Warburg, deren künstlerische Ambitionen zunehmend mit ihren Familienpflichten kollidierten, Gretchen Wohlwill, die als Malerin und Kunsterzieherin Brotberuf und kreative Tätigkeit erfolgreich verband, sowie die Siebelist-Schülerin Anita Rée und die gefragte Porträtistin Alma del Banco. In Lebenslauf, Werk, künstlerischer Zugehörigkeit und öffentlicher Beachtung unterscheiden sich diese Künstlerinnen erheblich voneinander. In ihrer Gesamtheit aber stehen sie mit den Secessionisten für den Aufschwung einer kraftvollen, avantgardistischen Malerei in der angeblich so kunstfeindlichen Hansestadt.

Alma del Banco

1862–1943

»Indem sie Konturlinien auffallend und dunkel malte und ihre Motive in geometrische Farbflächen aufbrach, verband sie skizzenhafte und malerische Elemente zu spannungsvollen Kompositionen.«

Ich bin gerade in schlechter Stimmung, man hat hier eine kleine graphische Ausstellung gemacht, ich bin nicht dabei, wie mich das ärgert«, schrieb Alma del Banco 1918 an ihren Neffen. Allerdings seien von den Kollegen auch keine vertreten, »nur die ganz modernsten«, und so »heißt es schuften«. Mit Erfolg – noch im selben Jahr gelang der Malerin der künstlerische Durchbruch, und bereits ein Jahr später wurde ihr als Gründungsmitglied der »Hamburgischen Secession« zunehmend auch internationale Aufmerksamkeit zuteil: Als Ergebnis ihrer Auseinandersetzung mit den in Paris aufgenommenen Anregungen und Einflüssen hatte Alma del Banco einen Stil entwickelt, der einen sehr eigenständigen Beitrag zur damaligen Avantgarde darstellte.

Alma del Banco wurde 1862 in Hamburg als Tochter einer assimilierten jüdischen Kaufmannsfamilie geboren und wuchs in großbürgerlichen Verhältnissen auf. Sie fand verhältnismäßig spät – mit knapp dreißig Jahren – zur Malerei. Ihre Ausbildung erhielt sie in der privaten Damenmalschule von Valeska Röver in Hamburg bei Ernst Eitner, einem bekannten Vertreter der Freilichtmalerei, der dem »Hamburgischen Künstlerclub von 1897« angehörte. Auch Alma del Banco wurde zunächst eine Freilichtmalerin. 1914 ging sie nach Paris, wo sie die Arbeiten von Fernand Léger kennenlernte. Damit begann im Schaffen von del Banco eine Phase intensiver Auseinandersetzung mit dem Werk verschiedener Künstler der Moderne, von Paul Cézanne über Henri Matisse bis zu Franz Marc. Etwa ab 1916 sind diese Einflüsse

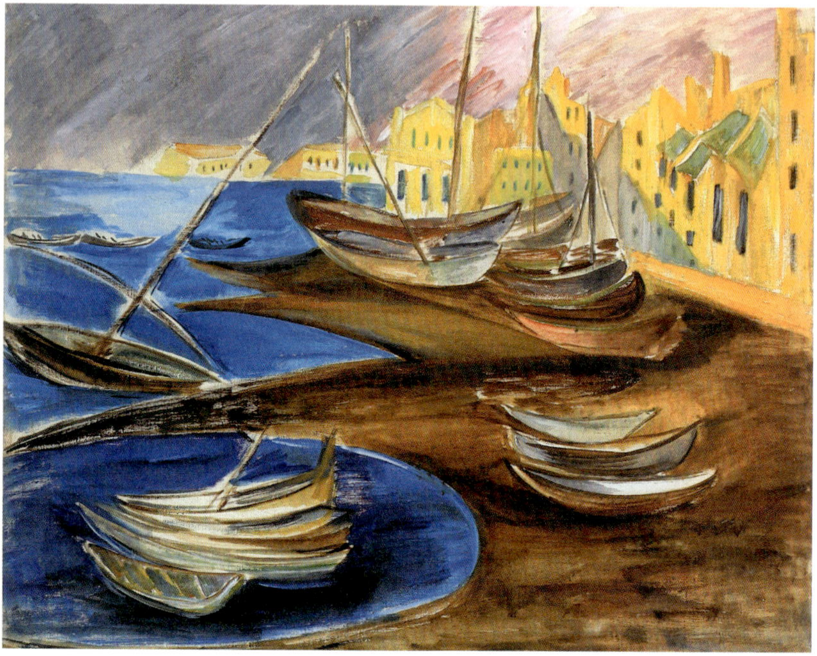

in ihren Arbeiten deutlich sichtbar; indem Alma del Banco Konturlinien auffallend und dunkel malte und ihre Motive, ob Landschaft oder Porträt, in geometrische Farbflächen aufbrach, verband sie verschiedene malerische Elemente zu spannungsvollen Kompositionen. Rasch avancierte sie zur gefragten Porträtistin und angesehenen Vertreterin der künstlerisch unkonventionellen Secessionisten. Zusätzlich gehörte sie der 1926 von Ida Dehmel gegründeten »Gemeinschaft Deutscher und Oesterreichischer Künstlerinnenvereine aller Kunstgattungen« (GEDOK) an, innerhalb der sie sich im Beirat der Fachgruppe Malerei engagierte. Auch die dritte Vereinigung, der sie sich anschloss, war eine progressive: der »Zonta-Club«, ein bis heute weltweit gesellschaftspolitisch aktiver Damenverein, der nur berufstätige, selbstständige Frauen aufnimmt und sich für Frauenrechte einsetzt.

Alma del Banco blieb ledig und kinderlos. Sie lebte bis zu dessen Tod mit ihrem Bruder zusammen und stand in engem Kontakt zu ih-

»Fischerboote im Hafen von Tarragona«, 1932

ren beiden Schwestern. Die zweitälteste war nach Cuxhaven gezogen, wo Alma sie häufig besuchte – im Werk der Malerin finden sich viele Bilder, die maritime Szenen aus der an der Elbmündung gelegenen Stadt zeigen. Reisen führten Alma del Banco häufig auch nach Südeuropa. So unternahm sie 1922 eine Studienreise mit ihrer Kollegin Gretchen Wohlwill, die ebenfalls zeitweise in Paris gearbeitet hatte – 1909/10 im Atelier von Henri Matisse, dessen Kunstauffassung sie stark geprägt hatte. Diese 1878 geborene Freundin, auch eine Jüdin, gehörte wie Alma del Banco zu den Künstlerinnen, die sich in Hamburg für die europäische Avantgarde einsetzten und die Ausstellungen der »Hamburgischen Secession« prägten.

Nach der Machtübernahme durch die Nationalsozialisten 1933 wurde die Secession aufgelöst. Die Werke Alma del Bancos – die Kunsthalle ihrer Heimatstadt besaß mehrere ihrer Arbeiten – wurden als »entartete Kunst« eingestuft und aus den Ausstellungsräumen entfernt. Für die Emigration fehlte der über Siebzigjährigen die Kraft. Als 1943 der Bescheid an sie erging, dass sie nach Theresienstadt deportiert werden sollte, nahm sich die Künstlerin mit einer Überdosis Morphium das Leben.

Katja Behling

Anita Rée

1885–1933

»Liebermann erkannte das Talent der gegen ihre Selbstzweifel ankämpfenden Zwanzigjährigen und riet ihr eindringlich, ihre Ausbildung als Malerin fortzusetzen.«

Anita Rée studierte 1912/13 in Paris bei Fernand Léger und beschäftigte sich dort mit den Werken von Cézanne, Matisse, Picasso. Der Einfluss dieser Großen der Moderne drückte sich etwa in der um 1915 entstandenen dreiteiligen Bildserie *Agnes* aus: In den Bildnissen löst Anita Gesicht und Oberkörper in eher eckige Formen auf, sie unterlässt es, die stoffliche Beschaffenheit des Kleides wiederzugeben und stellt die Mimik der porträtierten jungen Frau reduziert dar. Mit diesen sich geometrisch-frühkubistischer Elemente bedienenden Arbeiten betrat die Künstlerin die Bühne der Avantgarde. 1919 gehörte Rée zu den Gründungsmitgliedern der »Hamburgischen Secession« und beteiligte sich an deren Ausstellungen. Die Jahre von 1922 bis 1925 verbrachte sie überwiegend im süditalienischen Positano und fand, angeregt durch Piero della Francesca, zur neusachlichen Malerei. Der kubistischen Auflösung der Formen stellt Anita Rée ein betont stereometrisches Gefüge entgegen, und durch ihre Handhabung von Licht und Schatten entsteht eine mal lieblich verzaubert und eine mal geradezu bedrohlich wirkende Atmosphäre.

1926 kehrte Anita nach Hamburg zurück und gründete mit Ida Dehmel, Gattin des Dichters Richard Dehmel, die GEDOK, die aus dem »Bund Hamburger Künstlerinnen und Kunstfreundinnen« hervorgegangene »Gemeinschaft Deutscher und Oesterreichischer Künstlerinnenvereine aller Kunstgattungen«. Ab Ende der zwanziger Jahre schuf die Künstlerin Wandbilder für Hamburger Schulen. 1930 entstand ihr vielleicht bekanntestes Gemälde, ein weiteres Selbstporträt in hellgrüngelblichen Farben, aus dessen Zentrum die dunkelhaarige Künstlerin den Betrachter anschaut. Sie zeigt sich entblößt und verletzlich. Ihre braunen Augen – schauen sie mehr fragend, zweifelnd, ängstlich oder traurig? – sind das zentrale Element dieses in seiner Wirkung starken Bildes, das die letzten Jahre des Lebens der Malerin vorwegzunehmen scheint.

1931 zog Anita Rée auf die Nordseeinsel Sylt. Seit Längerem gequält von starken Depressionen und Verfolgungsängsten, litt sie unter den lauter werdenden antisemitischen Anfeindungen. 1933 musste sie ihren Ausschluss aus der Hamburgischen Künstlerschaft erleben. Dass 1937 vier ihrer Werke als »entartete Kunst« beschlagnahmt wurden, erfuhr Anita Rée nicht mehr: Mitte Dezember 1933 nahm sich die Künstlerin in Kampen auf Sylt das Leben. *Katja Behling*

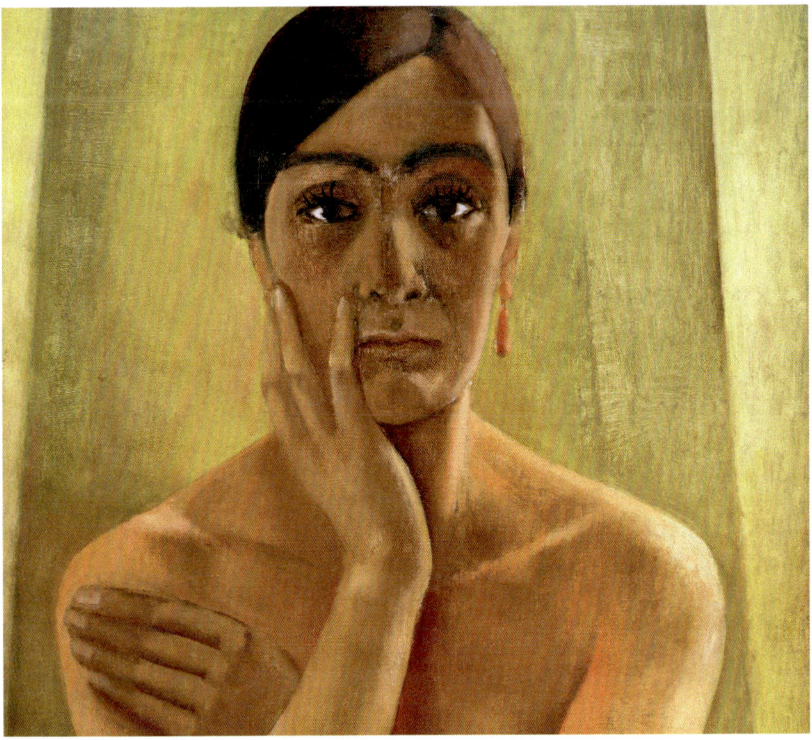

»Selbstbildnis«, 1930

Käte Lassen

1880–1956

»Die Hauptsache ist, daß die Kinder, in der Einsamkeit am offenen Meer geboren, anders in den Himmel sehen.«

Ja, sie ist ganz anders. Aber sie ist ganz wahr, und sie hat es sich nie leicht gemacht. Ich achte sie sehr.« So schrieb der Maler Emil Nolde über Käte Lassen, die ihr Leben in seltener Konsequenz ganz der Kunst widmete.

Berta Katharina, genannt Käte, Lassen wurde 1880 in eine Flensburger Goldschmiedefamilie geboren, von der sie höchstwahrscheinlich eine umfassende Förderung ihrer künstlerischen Neigungen erfuhr. Schon als Fünfzehnjährige wagte sie den ersten Schritt heraus aus ihrem Elternhaus, lebte von 1895 bis 1898 in Pension bei einer Pastorenfamilie in Bargteheide. Ihre eingehende Auseinandersetzung mit religiösen Themen, die auch hier wurzeln dürfte, schlug sich im künstlerischen Werk Käte Lassens später vielfach nieder. In der Zeit als Haustochter, wie man damals sagte, erhielt das junge Mädchen wöchentlich Zeichenunterricht an der nicht allzu weit entfernten Hamburger Gewerbeschule, was durchaus ein Privileg war. »Morgen haben wir wieder große Wäsche, ich habe es gut und werde von den anderen beneidet, ich reise nach Hamburg – doch ebenso gut habe ich da viel zu thun, ich glaube es ist noch anstrengender als eine andere Arbeit«, hieß es in einem Brief an ihre Familie in Flensburg. Durch ihre Malstunden bereitete sie sich auf das Studium an der Damenakademie in München vor, denn schon im Alter von sechzehn Jahren hatte sie sich ernsthaft mit dem angestrebten Berufsbild als Künstlerin auseinandergesetzt. Im Herbst begann Käte Lassen ihr Studium an der Damenakademie des »Münchener Künstlerinnenvereins«, hatte Unterricht bei dem Maler Ludwig Schmid-Reutte, dem Maler, Medailleur und späteren Ministerialrat Maximilian Dasio und dem Maler und Illustrator Angelo Jank, als dessen beste Schülerin sie nach Aussagen einer Kommilitonin galt. Zudem erhielt sie Privatunterricht von Hugo Freiherr von Habermann, dem berühmten Münchner Secessionisten.

Nach Abschluss ihrer Ausbildung kehrte Käte Lassen 1904 ins schleswig-holsteinische Flensburg zurück, wo sie bis zu ihrem Lebensende leben und arbeiten sollte. Im Sommer reiste sie nach Kopenhagen, um die Werke Edvard Munchs und die Märchenwelt Hans Christian Andersens kennenzulernen. Von Kopenhagen fuhr die junge Frau, ungewöhnlich genug, mit dem Fahrrad über Skagen, dem nördlichsten, damals nur auf abenteuerlichen Wegen zu erreichenden Ort Dänemarks, nach Hause zurück. Die Reise wurde zu einem künstlerisch prägenden Erlebnis: Die »Skagenmaler« nannte sich eine dänische Künstlergruppe, die ab Ende der siebziger Jahre des 19. Jahrhunderts zu überregionaler Bedeutung gelangt war und das dänische Fischerdorf besonders in den Sommermonaten zum internationalen Treffpunkt vieler – nicht nur skandinavischer – Künstler gemacht hatte. Diese Künstlerkolonie hatte sich vor allem der Freiluftmalerei nach dem Vorbild der französischen Schule von Barbizon verschrieben. Im Laufe der Jahre verwandelte sich Skagen in eine Künstlerkolonie, zu der auch Malerinnen gehörten, darunter Anna Ancher und Marie Krøyer Alfvén.

Von Flensburg aus zog es Käte Lassen fortan immer wieder an die Westküste Jütlands. In Klitmøller entstanden die meisten ihrer oft lebensgroßen Porträts, die, oftmals gemalt mit flüchtigem, impressionistischem Pinselstrich, in ihrer Leichtigkeit die anmutigsten Arbeiten ihres Gesamtwerks sind. In Dänemark fand sie ihre von den Skagenmalern und von Edvard Munch inspirierten künstlerischen Motive: das harte Leben der Fischerfamilien, das Warten auf die Rückkehr vom Fischfang, die Einsamkeit und das Ausgeliefertsein an die Urgewalten der Natur. Eine Vorliebe hegte sie, wie auch Paula Modersohn-Becker, für Mutter-Kind-Bildnisse.

Käte Lassen hatte früh Erfolg. Schon 1907 bekam die siebenundzwanzigjährige Künstlerin, die auch Kunsthandwerkliches wie Teppichmuster entwarf, im Flensburger Kunstgewerbemuseum eine erste

Einzelausstellung. Von Oktober 1908 bis Mai 1909 hielt sie sich in Paris auf, arbeitete im Atelier in Montparnasse und betrieb Aktstudien. In der kosmopolitischen Stadt des Savoir-vivre öffnete sich die nordische Künstlerin völlig neuen Sujets – und schuf lebensfrohe, mondäne, teils erotische Farbtusche-Darstellungen der französischen Boheme.

Ab 1910 befasste Käte Lassen sich eingehend mit ihrer Heimatstadt Flensburg. Es entstanden mehr als ein Dutzend Lithografien *Aus den alten Winkeln der Stadt*, darüber hinaus arbeitete sie nun in großem Format zu religiösen Themen. Sie schuf ein monumentales Wandbild in der Heilands-Kapelle von Flensburg, später dann unter anderem Glasfenster für Kirchen in Flensburg, Rendsburg und Neumünster und Sylt. Sie zählen zu ihren großartigsten künstlerischen Leistungen.

Einen neuen Ort für ihre Malerei entdeckte Käte Lassen mit dem Ort Vorupør an der dänischen Westküste, doch wurde ihr nach Ausbruch des Ersten Weltkrieges die Einreise in ihr geliebtes Dänemark untersagt. Sie litt darunter – zumal sie sich zur gleichen Zeit schweren Herzens von einem Mann trennte, weil sie glaubte, nicht Ehefrau und Künstlerin zugleich sein zu können. Käte Lassens Bilder wurden düsterer und dramatischer. Es begann ihre »Graue Periode«. Arbeiten wie die schwarz-graue Tuschezeichnung *Zwei Frauen und ein Baby* zeugen von ihrer Auseinandersetzung mit Angst, Trauer, Schmerz und dem Schicksal der Kriegsinvaliden, Witwen und Waisen: Die Gesichter der Figuren ähneln Totenschädeln. Nicht zuletzt ihre Berlin-Aufenthalte veranlassten sie zu gesellschaftskritischen Arbeiten, in denen sie zu neuen Darstellungsweisen fand. Es entstanden Bilder, die ihr Werk in die Nähe von Arbeiten der pazifistischen und sozialkritischen Künstlerin Käthe Kollwitz rücken.

Zugleich verfolgte sie weiterhin die religiöse Thematik, und 1924 nahm sie zudem ein ganz neues Projekt in Angriff. Im Fischerdorf Stenbjerg schuf sie farbig aquarellierte Tuschezeichnungen für ein Kinderbilderbuch *Am Meeresrad im Dünensand*, das vom Leben der Kinder am Meer erzählt, von Tieren, Muscheln, Seesternen, Pflanzen und Steinen als deren Weg- und Spielgefährten. Die Kinder wirkten, so wie Käte sie zeigte, nicht idyllisch verklärt, sondern, ähnlich wie später die Helden Astrid Lindgrens, ohne elterlichen Schutz auf sich allein

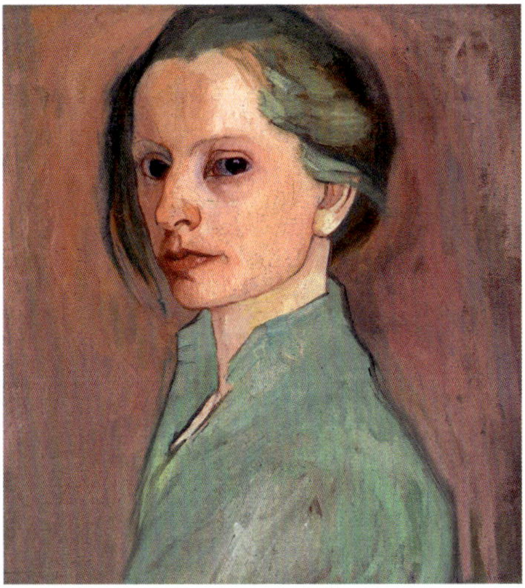

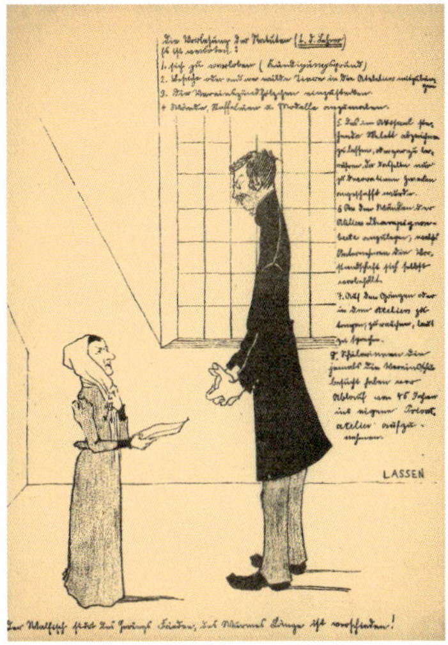

gestellt. Diese ungeschönte Darstellung von Kindheit verstörte damals viele – und war doch ein Abbild genau der Realität, die Käte Lassen sichtbar machen wollte.

Das Jahr 1933 brachte auch für Käte Lassen eine tiefe Zäsur und viele ihrer Kontakte zum Erliegen. Doch da das »Nordische« in ihrem Werk so präsent war, konnte sie weiterhin ausstellen und Aufträge bekommen. 1950 erhielt sie, nachdem ihr zehn Jahre zuvor bereits der Schleswig-Holsteinische Kunstpreis für ihr Lebenswerk verliehen worden war, eine Reihe von Ehrungen. Und es begann die letzte Phase ihres Schaffens, bevor Käte Lassen 1956 starb. 2007 zeigte eine Ausstellung in Flensburg aus Anlass ihres 50. Todestages eine Auswahl ihrer Werke. Käte Lassen gilt heute als die bedeutendste und vielseitigste schleswig-holsteinische Künstlerin der ersten Hälfte des 20. Jahrhunderts. Doch ein Erfolg blieb ihr verwehrt; einer, an dem ihr besonders gelegen hätte: Bis zu ihrem Lebensende hatte sie sich vergeblich um einen Verlag für ihr unbequemes Kinderbuch bemüht. 2007, mehr als achtzig Jahre nach seiner Entstehung, wurde das Buch in Husum veröffentlicht.

Katja Behling

LINKS: *»Selbstbildnis«, 1912*
RECHTS: *Karikatur »Atelierstatuten«, 1898*

BERLIN

Nur drei Jahrzehnte dauerte es, bis aus der alten preußischen Residenzstadt Berlin nach der deutschen Reichsgründung 1871 eine der modernsten Metropolen Europas geworden war. Hatte Berlin zu Beginn des Kaiserreichs kaum mehr als achtzigtausend Einwohner, waren es 1905 schon über zwei Millionen. Rund um die Kapitale wuchsen Schornsteine in die Höhe, Berlin boomte als Industriezentrum und schickte sich an, Welthauptstadt der Hochtechnologie zu werden. Und weil die Berliner auch autoverrückt waren, musste schon 1902 der erste Polizist zur Verkehrsregelung auf die Straße Unter den Linden beordert werden. Jahr für Jahr erlagen mehr Zuwanderer der Sogwirkung Berlins. Viele der Neuankömmlinge, die in der hektischen Metropole ihr Glück machen wollten – darunter viele Juden aus den preußischen Provinzen oder den Ländern Osteuropas –, waren hoffnungsvoll und desorientiert zugleich. »Nervosität und Übererregung« galten schon um 1900 als typische Krankheiten in der brodelnden Großstadt. Doch während die einen den Preis des raschen Wandels mit seinem ungehemmten Wachstum, seinem »ungesunden« Tempo, als zu hoch beklagten, empfanden die anderen just die in allen Bereichen auszumachende Rasanz der Stadt als Herausforderung und kreative Stimulanz. Gerade die Künstler betrachteten die Möglichkeiten in Berlin als Chance. Wie Wien und Paris gehörte die Reichshauptstadt als Schmelztiegel der Kreativen in der Zeit um die Jahrhundertwende zu den innovativsten Kunstzentren Europas.

Von diesem enthusiastischen Klima, das in Berlin um 1900 herrschte, fühlten sich viele Künstlerinnen angezogen. Augusta von Zitzewitz wandte sich gegen das traditionsbewusste Frauenbild nicht nur ihrer adligen Familie, als sie sich für eine selbstbestimmte Laufbahn als Malerin entschied. Clara Siewert indes zermürbten zusehends die beinahe unüberwindlichen Hürden, denen sie sich gegenübersah, und Charlotte Berend-Corinth bewies an der Seite ihres Mannes Lovis Eigenständigkeit. Dora Hitz wiederum ist ein Beispiel für den Wagemut und die Unabhängigkeit, der viele Künstlerinnen ihren Erfolg verdankten – ebenso wie Julie Wolfthorn. Die erfolgreiche Porträtistin gehörte zu den ersten Mitgliedern der 1898 gegründeten »Berliner Secession«. Sie war aus einer Gruppe von bildenden Künstlern entstanden, die sich 1892 unter der Federführung Franz Skarbinas, Walter Leistikows und Max Liebermanns vom konventionellen akademischen Kunstverein abgespalten hatte.

Das einzigartige kulturelle Panorama Berlins entfaltete künstlerische Wirkmacht, aus dem bis 1910 der Expressionismus, ein im Zusammenhang mit der Kunstausstellung der »Berliner Secession« aufgekommener Stilbegriff, und weitere Kunstbewegungen erwuchsen. Hier traf sich die Avantgarde, und Künstler in ganz Europa ließen sich von ihr inspirieren. Die Künstler Berlins haben auf den Gebieten von Malerei, Film und Theater, Architektur und Design, Literatur und Musik Herausragendes für die europäische Kunst und Kultur geleistet. Diese kreative Strömung in einer Stadt, die als »New York Europas« bezeichnet wurde, kam mit der Machtergreifung Hitlers zu einem abrupten Ende. Die unter den Nationalsozialisten gelenkte Kulturpolitik, das Ausstellungsverbot und die Diskriminierung vieler Künstler, deren Werke als »entartete Kunst« deklariert wurden, zwangen viele Künstler in die Isolation oder Emigration.

Julie Wolfthorn

1864–1944

»Oft habe ich das Gefühl, als malte nicht ich, sondern ein anderer in mir, so daß ich mitunter überrascht vor meiner eigenen Arbeit stehe. Dies sind die glücklichsten Augenblicke des Schaffens.«

Als Julie Wolfthorn 1929 so auf ihre künstlerische Arbeit blickte, war sie bereits seit Jahrzehnten eine erfolgreiche Malerin und Grafikerin. Sie gehörte 1898 zu den Gründungsmitgliedern der Secession und zu den wenigen Künstlerinnen, die sich bereits vor 1900 große Reputation als Porträtistin erworben hatten. Nach der Jahrhundertwende entwickelte sie sich neben Dora Hitz und Käthe Kollwitz zu einer der bedeutendsten Malerinnen in Deutschland.

Dass sie als Porträtmalerin so viel Anklang fand, beruhte zum einen auf Wolfthorns großem handwerklichem Können, zum anderen auf ihrem Gespür für die Menschen, die sie darstellte. Ihr lag das Malen von Frauen, des Weiblichen, das sie mitunter auch aus männlichen Modellen herauszukehren verstand. Ihre Vorliebe galt den kühnen, modernen Frauentypen, zumeist waren es Künstlerinnen. »Sie hat den Sinn für die schöne Frau. Am liebsten ist ihr wohl eine solche, die schön ist und zugleich in irgendeiner Form im Leben steht«, vermutete 1911 der Berliner Schriftsteller Georg Hermann. Wolfthorn, die ihre Sujets aus jenen städtischen Künstler- und Intellektuellenkreisen Berlins bezog, in denen sie sich bewegte, war mit Auftragsarbeiten gut ausgelastet. Sie porträtierte etwa ihre langjährige Freundin, die Konsulin Ida Auerbach, die in zweiter Ehe den Dichter Richard Dehmel heiratete – die Lyrikerin und Frauenrechtlerin Ida Dehmel gründete später die GEDOK, die »Gemeinschaft Deutscher und Oesterreichischer Künstlerinnenvereine aller Kunstgattungen«. Auch den Schriftsteller Richard Dehmel, die Schauspielerinnen Tilla Durieux und Carola

Neher bannte Wolfthorn auf die Leinwand, desgleichen den Dramatiker Gerhart Hauptmann in einem Doppelporträt mit seiner zweiten Frau Margarete Marschalk, die Schriftstellerin Gabriele Reuter, Familienmitglieder des Schriftsteller- und Übersetzerpaares Hedwig Lachmann sowie Gustav Landauer, der zu den führenden Theoretikern des Anarchismus in Deutschland gehörte. Außerdem porträtierte Wolfthorn Anna Muthesius, mit der sie eine lebenslange Freundschaft verband, und deren Mann, den Architekten Hermann Muthesius.

Julie Wolfthorn wurde 1864 im westpreußischen Ort Thorn an der Weichsel als Julie Wolf geboren. Über ihre jüdischen Vorfahren, ihre Kindheit und Jugend ist kaum mehr bekannt, als dass ihre Eltern früh starben. Sie war das jüngste von fünf Kindern einer offenbar kunstsinnigen Familie: ein von ihr selbst gemaltes Bildnis ihres Bruders Georg Wolf zeigt diesen als Bildhauer, und ihre Schwester Luise Wolf arbeitete als Schriftstellerin und Übersetzerin. Ihre Cousine Olga Hempel war eine der ersten Ärztinnen in Deutschland, mit ihr verbrachte Julie Wolfthorn eine gemeinsame Zeit in Paris, worüber in Olga Hempels Lebenserinnerungen zu lesen ist. Nachdem Julie Wolfthorn 1890 in Berlin ihre Ausbildung zur Malerin begonnen hatte, vermutlich in der Malschule des »Vereins der Berliner Künstlerinnen und Kunstfreundinnen«, setzte sie anschließend ihre Studien in Paris an der privaten Kunstakademie Colarossi fort. In Paris erhielt sie wichtige Impulse für ihre Arbeit – und die Stadt zog sie auch noch in späteren Jahren an: »Immer ist Frühling in Paris, und oben auf dem Omnibus

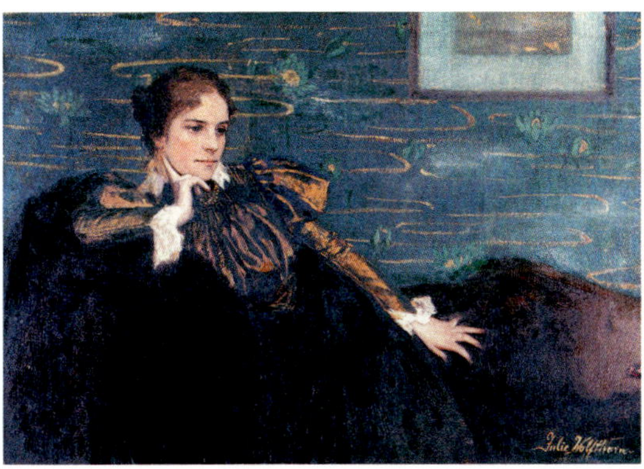

Porträt der deutsch-jüdischen Dichterin Hedwig Lachmann

sitzen und durch die Stadt fahren ist wie Champagner«, schrieb sie 1926 begeistert über die Stadt an der Seine.

Ab Mitte der neunziger Jahre präsentierte sie ihre Arbeiten unter anderem in München, Hamburg und Weimar sowie in der Großen Berliner Kunstausstellung. In dieser Zeit fügte sie ihrem Nachnamen den ihres Geburtsorts Thorn hinzu und nannte sich fortan Wolfthorn. Im Jahr 1904 heiratete sie den Kunst- und Literaturhistoriker Rudolf Klein – keine allzu glückliche Verbindung offenbar, denn schon wenige Monate nach der Heirat klagte die Malerin in einem Brief an ihre Freundin Ida Dehmel über das Unverständnis, das ihr Mann ihrer Kunst entgegenbringe.

Weil der Kunstbetrieb verhalten bis ablehnend auf die sich in der Malerei etablierenden Künstlerinnen reagierte, bildete Julie Wolfthorn gemeinsam mit anderen Secessionistinnen und einigen Künstlerinnen aus München 1906 die »Verbindung bildender Künstlerinnen«, die eigene Ausstellungen organisierte. Julie Wolfthorn war auch in den folgenden Jahrzehnten bis 1933 intensiv um die Förderung der Frauenkunst bemüht, als Mitglied des »Deutschen Lyceum-Clubs«, der GEDOK und des »Vereins der Berliner Künstlerinnen«.

»Auf Hiddensee entstanden einige ihrer schönsten Landschaftsbilder, See- und Dünenlandschaften.«

Auf Hiddensee, wo sie mit der »Vereinigung der Hiddenseer Künstlerinnen« im Freien arbeitete, entstanden einige ihrer schönsten Landschaftsbilder, See- und Dünenlandschaften. Wolfthorn unterhielt auch außerhalb von Hiddensee zu Künstlerkreisen Kontakt, zumal sie ihren Lebensunterhalt ab 1904 bis ins hohe Alter mit einem Schülerinnen-Atelier und dem Unterrichten künstlerischen Nachwuchses bestritt. Von Berlin aus unternahm Julie Wolfthorn immer wieder Reisen in Künstlerkolonien wie Hiddensee, aber auch Worpswede, Dachau, Schreiberhau und Ascona sowie nach Italien, Belgien, Holland und Frankreich, wo sie schon während ihrer Studienzeit gemalt hatte. Obgleich ihr Nimbus als bedeutende Porträtistin den der Landschaftsmalerin überstrahlt, schuf sie ein reiches Konvolut von Stadt- und Land-

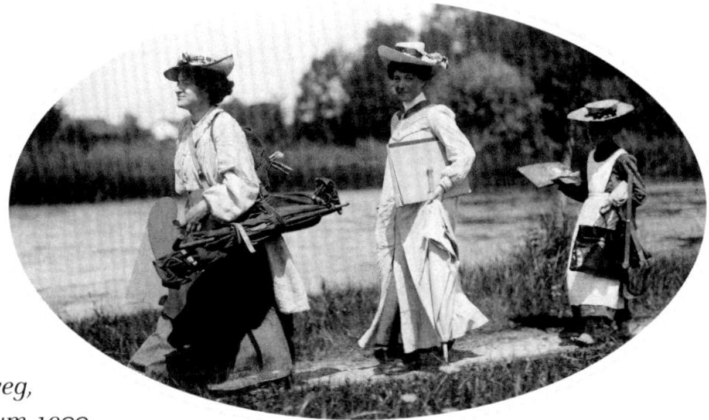

Julie Wolfthorn vorneweg, dahinter Helferinnen, um 1900

schaftsbildern sowie von Genreszenen, Grafiken und Illustrationen von Titelbildern und Kunstpostkarten. Die Nationalgalerie und andere Berliner Museen erwarben ihre Werke, und ihre in Zeitungen und Zeitschriften abgedruckten Arbeiten machten die Künstlerin auch einer breiten Öffentlichkeit bekannt. Hatten ihre Bilder zunächst eine impressionistische Ausrichtung, näherten sie sich zeitweise dem Jugendstil, schließlich bevorzugte Wolfthorn erdige Farben wie gedeckte Grüntöne und öffnete sich der neuen, sachlichen Richtungslinie in der Kunst.

1933 erhielt die politisch aktive Jüdin Publikationsverbot und durfte bis zum Berufsverbot 1939 nur noch im Rahmen des »Jüdischen Kulturbundes« ausstellen. Im Oktober 1942 wurde sie ins Konzentrationslager Theresienstadt deportiert. In den zwei Jahren, die sie dort überlebte, malte sie weiter – mit Bleistift und Tusche. Nach ihrer Ermordung im Dezember 1944 geriet Wolfthorn für lange Zeit in Vergessenheit.

Vor wenigen Jahren erst wurden für Julie Wolfthorn und ihre Schwester, die mit ihr verschleppt worden war, in Berlin »Stolpersteine« zum Gedenken gelegt, seit 2005 erinnert eine Straße an die Künstlerin, und 2007 konnte man im Rahmen einer Schau zur »Berliner Secession« Werke von Julie Wolfthorn sehen. Viele waren es nicht: Als Wolfthorns Wohnung 1943 geräumt wurde, beschlagnahmten die Nationalsozialisten das Wenige, das sie noch besessen hatte. Was mit den vielen Bildern geschah, ist nicht bekannt – der Großteil ihrer Arbeiten gilt noch heute als verschollen.

Katja Behling

Augusta von Zitzewitz

1880–1960

»Ihre Tochter Ilse-Marie wurde zu einem ihrer liebsten Modelle.«

Augusta von Zitzewitz wurde 1880 als Tochter eines Adjutanten Kaiser Wilhelms II. in Berlin geboren. Ihre Kindheit im monarchisch geprägten Berlin des späten 19. Jahrhunderts unterschied sich kaum von denen anderer Mädchen aus gehobenen Kreisen des preußischen Kaiserreichs. Sich künstlerisch zu betätigen gehörte zum guten Ton, nicht aber, daraus mehr machen zu wollen. Weder passte ein solches Ansinnen in das traditionsbewusste Frauenbild ihrer Familie, noch gab es Verständnis, geschweige denn ein Rollenvorbild für die moderne Lebensweise einer kunstbegeisterten jungen Adligen. Erst als sie siebenundzwanzig Jahre alt war, gelang Augusta von Zitzewitz die Loslösung von ihrem Elternhaus, erst dann konnte sie ihre selbstbestimmte Laufbahn als Malerin beginnen. Von 1907 bis 1911 besuchte sie die Zeichen- und Malschule des »Vereins der Berliner Künstlerinnen« und nahm Unterricht bei dem französisch-deutschen Maler und Zeichner George Mosson. Mosson war 1898 Gründungsmitglied der »Berliner Secession« und wurde als Maler von Landschaften und Blumenstillleben bekannt. Auch in den Archiven der von dem Bildhauer Albert Lewin-Funke geführten Schule taucht der Name Augusta von Zitzewitz in der Liste der Elevinnen auf. 1911, im Alter von einunddreißig Jahren, mietete sich Augusta ein eigenes Atelier.

1912 reiste sie nach Paris, um ihre Studien an der Académie Julian fortzusetzen. Sie erhielt Unterricht bei André Dunoyer de Segonzac, bei Henri Le Fauconier und bei Jean Metzinger. Dieser akademisch und konventionell ausgebildete Maler aus Nantes interessierte sich stark für die Neo-Impressionisten mit ihrem Verzicht auf Farbabstufungen, hatte er doch selbst eine Vorliebe für klare Bildordnung und einen Hang zur Konstruktion. Er entwickelte einen Stil mit mosaikähnlichen Farbmustern, die mit ihren exakt aneinandergesetzten geometrischen Farbfeldern eine Brücke zu seinen späteren kubistischen Arbeiten schlugen und vom künstlerischen Austausch Metzingers mit Georges Braque, Pablo Picasso und Juan Gris zeugen. Von Jean Metzinger lernen, hieß für Augusta von Zitzewitz, vom Kubismus lernen, und so gehörte sie zu einem Kreis, der sich mit der französischen Avantgarde auseinandersetzte. In ihren Bildern entfernte sie sich deutlich vom kaiserzeitlichen Akademismus. In den Landschaftsbildern etwa verzichtete sie auf kleinteilige Flächen zugunsten der großen – und malte einen Baum schon einmal rot statt grün.

Nachdem Augusta von Zitzewitz nach Deutschland zurückgekehrt war, heiratete sie den jüdischen Kunsthistoriker Erich Römer und bekam 1915 Tochter Ilse-Marie, die eines der liebsten Modelle für Augusta wurde. Ihre Bilder zeigte sie erfolgreich auf Ausstellungen des »Vereins der Berliner Künstlerinnen«, außerdem war sie Mitglied der »Freien Secession« und im ersten »Deutschen Künstlerbund«. Sie beschäftigte sich mit Holzschnitttechnik und Illustration, etwa für die Zeitschrift *Die Aktion*, die ihr im Jahre 1918 ein Sonderheft widmete. Ihr Atelier wurde zu einem Salon für Intellektuelle und Künstler. Zu Augustas Gästen gehörten die Schriftsteller Rainer Maria Rilke, Gottfried Benn und Franz Mehring, der Kabarett-Star Claire Waldoff, der Theaterkritiker Alfred Kerr sowie die Frauenrechtlerin Hedwig Dohm,

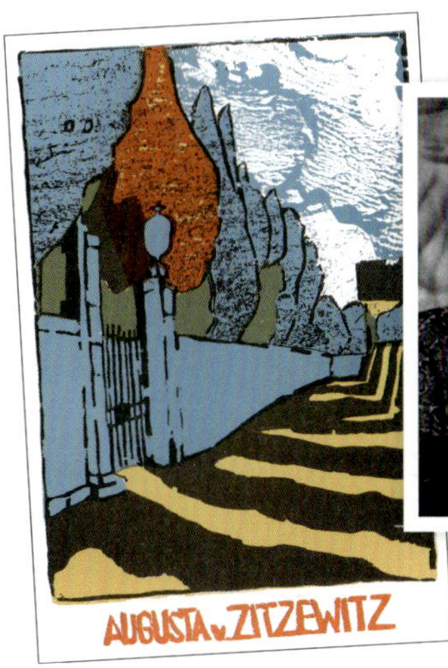

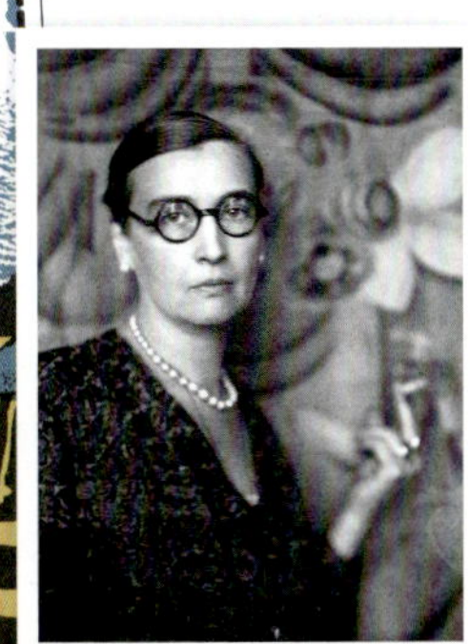

LINKS: *»Gartentor bei Florenz«, Holzschnitt; Titelblatt des Katalogs zur 1980/81 gezeigten Retrospektive*

RECHTS: *Augusta von Zitzewitz, um 1928*

deren Enkelin Katia mit Thomas Mann verheiratet war. Viele von ihnen hat die Künstlerin gemalt, doch die meisten der Bilder sind verschollen. In den zwanziger Jahren entwickelte sich Augusta von Zitzewitz zu einer bedeutenden Porträtmalerin.

Als die Nationalsozialisten 1933 die Macht an sich rissen, geriet die mit einem Juden verheiratete adlige Tochter des einstigen kaiserlichen Adjutanten ins Visier. Während des »Dritten Reichs« galten die Werke von Augusta von Zitzewitz als »entartet«. Sie durfte weder malen noch ausstellen. Erst 1945 nahm die nun Fünfundsechzigjährige ihre Arbeit wieder auf. Sie kehrte in ihre zerstörte Wohnung in der Reichsstraße in Charlottenburg zurück, die sie kurz vor Kriegsende verlassen hatte. Sie porträtierte bei Petroleumlicht und tauschte ihre Bilder gegen Lebensmittel. Doch es gelang ihr auch unter diesen schwierigen Bedingungen, sich abermals in der Kunstwelt der Hauptstadt durchzusetzen. Bald gehörte sie wieder dazu, zur Berliner Literaten- und Kulturszene. Ihre letzte große Einzelausstellung fand 1955 aus Anlass ihres fünfundsiebzigsten Geburtstags im Kunstamt Charlottenburg statt.

Augusta von Zitzewitz starb im Alter von achtzig Jahren und wurde in Berlin auf dem Friedhof an der Heerstraße begraben. Zwanzig Jahre später konnte aus Anlass des 100. Geburtstags der Malerin in der Stiftung Pommern in Kiel eine große Retrospektive gezeigt werden; dort waren auch bis dahin unveröffentlichte Bilder und Grafiken der Malerin zu sehen. Die Stiftung Pommern – Zitzewitz ist der Name eines alten pommerschen Adelsgeschlechts – ist dank einer großzügigen Zuwendung der Familie Zitzewitz im Besitz einer größeren Zahl von Arbeiten der Künstlerin, wie auch die Nationalgalerie Berlin. Dort, in ihrer Stadt, erinnert seit August 2003 eine Gedenktafel am Berliner Haus Reichsstraße 96–97 an die Berliner Malerin Augusta von Zitzewitz, die hier bis zu ihrem Tod gelebt und gearbeitet hatte. Die Gedenktafel, die ein Selbstporträt der Malerin zeigt, wurde von einer entfernten Verwandten, Anette von Zitzewitz, in Auftrag gegeben. Von ihr stammt auch der Dokumentarfilm *Grande Dame der Malerei* aus dem Jahre 2001, der in hohem Maße dazu beitrug, Leben und Werk von Augusta von Zitzewitz einem breiteren Publikum bekannt zu machen.

Katja Behling

Clara Siewert

1862–1944

*»Im Dunkelwerden ging ich in den Wald.
Ich sage Dir:
es war der reine Zauber.«*

Der künstlerische Wille ging Clara Siewert über alles, und trotzdem ist ihre Geschichte ein Beispiel für einen Werdegang, der immer wieder an unüberwindlichen Hürden zu scheitern drohte. Da den Malerinnen jener Zeit die offiziellen Akademien verschlossen blieben, fehlte eine Plattform zur Präsentation der Werke und somit ein wichtiger Zugang zur Kunstszene. Wer es schaffen wollte, brauchte Willen, Beharrlichkeit und ein gerüttelt Maß an Durchsetzungsvermögen – Clara Siewert hatte es. Geboren wurde sie im Jahre 1862 auf dem einsam gelegenen preußischen Gut Budda und entschied sich etwa im Alter von neunzehn Jahren, Malerin zu werden und den beschwerlichen Weg als Künstlerin zu gehen. Clara Siewert ging etwa 1884 nach Berlin und nahm an der Zeichen- und »Malschule des Vereins der Künstlerinnen und Kunstfreundinnen« Privatunterricht. Einer ihrer Lehrer war Karl Stauffer-Bern, der von Akademiedirektor Anton von Werner unterstützt wurde, ein weiterer Max Koner, der Dutzende Porträts von Kaiser Wilhelm II. schuf und als »Kaisermaler« tituliert wurde. Koner betrieb »um des Erwerbes willen ein Damen-Atelier«. Unterricht bei Hugo Vogel, Gründungsmitglied der fortschrittlichen »Gruppe der XI«, aus der die »Berliner Secession« hervorging, rundete Clara Siewerts Studien ab.

Ab 1892 war Clara Siewert mit ihren Arbeiten auf Ausstellungen vertreten. Mit Kolleginnen wie Dora Hitz, Sabine Lepsius und Maria Slavona stellte sie auf den Kunstschauen der »Berliner Malerinnen« aus, zeigte ihre Arbeiten in München und auf der Weltausstellung für Buchgewerbe in Leipzig. 1901 wurde sie eines der vier ersten weib-

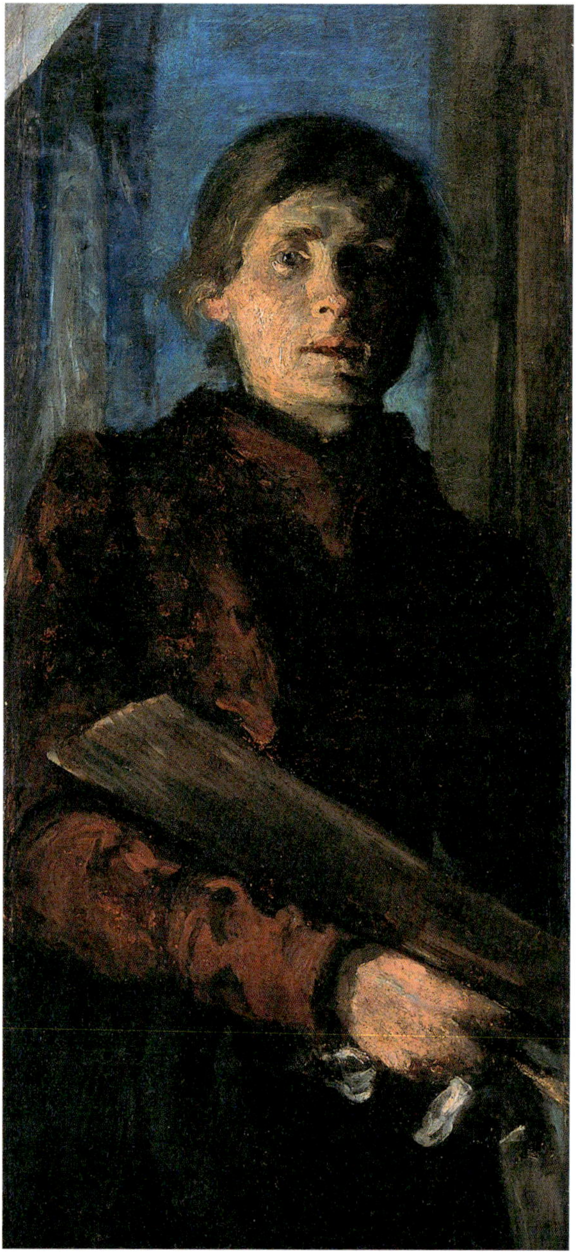

»Selbstbildnis mit Palette«, um 1895

lichen Mitglieder der Künstlervereinigung »Berliner Secession«, der auch Käthe Kollwitz angehörte. Hier lernte sie die Maler Lovis Corinth und Max Liebermann kennen, pflegte Kontakt zu Max Slevogt, Alfred Kubin und Edvard Munch und lebte im selben Haus wie Ernst Ludwig Kirchner und Max Pechstein, wodurch sie mit den künstlerischen Positionen der »Brücke«-Expressionisten in Berührung kam. Darüber hinaus unternahm sie zahlreiche Reisen, so im Jahr 1906 nach Paris, nach Florenz, nach Bayern und Österreich.

Trotz vieler Ausstellungen blieb ihr der ganz große Durchbruch versagt. Sie war bereits vierundfünfzig Jahre alt, als sich ihre inzwischen erfolgreiche Freundin Käthe Kollwitz noch einmal für sie einsetzte. »Den ganzen Tag juriert. Nicht geglückt, Clara Siewert hereinzubringen«, notierte die Kollwitz 1916 in ihr Tagebuch. Stilistisch wurzeln Siewerts Arbeiten im ausgehenden 19. Jahrhundert. Dennoch gehörte sie genauso wenig zu den konservativ-akademischen Malern der Wilhelminischen Epoche wie zu den sozialkritischen Künstlerinnen wie Käthe Kollwitz oder den expressionistischen Rebellen des »Blauen Reiters« wie Gabriele Münter. Seit ihrer Kindheit interessierte Clara sich für Fabelwesen. Mit ihren vier Hauptmotiven – mystisch-religiöse Themen, Selbstbildnisse sowie Kinder- und schließlich Aktdarstellungen –, vor allem aber mit ihren oft surrealen Erfindungen und Fantasiegeschöpfen erinnert Siewerts Malweise an Werke von Max Klinger oder mit ihrer Vorliebe für Mystisches und Märchenhaftes auch an Lovis Corinth.

Nach dem Ersten Weltkrieg verlor Clara Siewert den Anschluss an die rasante Kunstentwicklung, zog sich zurück und lebte in ihrem Berliner Atelier in einer Art inneren Emigration. Sie geriet in Vergessenheit, und ihr tragischer Tod – sie starb während des Zweiten Weltkriegs bei einem Bombenangriff auf Berlin im Alter von zweiundachtzig Jahren – blieb von der Kunstwelt fast unbemerkt. Eine Ausstellung im Juni 2008 in Regensburg führte zur Wiederentdeckung einer Künstlerin, die als eine der ersten Frauen in die Kunstwelt Berlins Eingang fand.

Katja Behling

Charlotte Berend-Corinth

1880–1967

»Ich will alles malen, was ich will und wie ich es will.«

LOUIS CORINTH – Malschule für Akt und Portrait. Vom 15. Oktober an: Berlin NW., Klopstockstraße 52, III. Auskunft wird erteilt: im Bureau der Secession«, lautete das Inserat, das Franz Heinrich Louis »Lovis« Corinth im Herbst 1901 im Ausstellungskatalog der »Berliner Secession« veröffentlichte. Der deutsche Impressionist war gerade aus München in die Hauptstadt gezogen, wo er sich rasch als einer der tonangebenden Künstler innerhalb der dominierenden Berliner Künstlervereinigung etablierte. Nun fühlte er sich zum Lehrer berufen und gründete seine »Malschule für Akt und Porträt«. Das Echo war groß. Noch im Eröffnungsmonat konnte Corinth, mit einem lachenden und einem weinenden Auge, verkünden: »Ich habe vor lauter Arbeit keine Zeit: Schülerinnen drängen sich gegenseitig – colossal.« Und die erste Schülerin, die den Fuß über die Schwelle setzte, würde, wie sich zeigen sollte, für immer bleiben: Charlotte Berend, seine spätere Frau.

Charlotte wurde 1880 als Tochter eines vermögenden jüdischen Kaufmanns in Berlin geboren; ihre ältere Schwester Alice machte später als erfolgreiche Schriftstellerin von sich reden. Talent und die Liebe zum Zeichnen zeigte Charlotte früh. Sie erhielt Unterricht in der Königlichen Kunstschule und an der Schule des Kunstgewerbemuseums, bevor sie in die Malschule von Lovis Corinth eintrat. Bald begann der vierundvierzigjährige Lehrer, seine attraktive, äußerst charmante Schülerin zu umwerben. Und machte die Zweiundzwanzigjährige zu seinem liebsten Modell. So entstand Corinths *Porträt Charlotte Berend im weißen Kleid*, das die junge Frau vor einer Wand stehend zeigt, über den rechten Arm ein Tuch geworfen, in der linken Hand ein Zweig, um die Hüfte eine Schärpe. Schon das nächste Bildnis aber war weniger sittsam. Das *Selbstporträt mit Charlotte Berend und Sektglas* zeigt die aparte Malschülerin mit nacktem Oberkörper, des Malers Hand liegt auf ihrer Brust.

Im März 1903 heirateten die beiden; sie bekamen zwei Kinder. Die Aufgaben als Mutter, Muse, Modell, Gattin und Geschäftsführerin ließen Charlotte ihre eigenen künstlerischen Ambitionen beinahe vergessen. Doch als selbstbewusste, aus großbürgerlichen Verhältnissen stammende »moderne« Frau beanspruchte sie Freiräume. Und setzte – ungewöhnlich für die Jahrhundertwendezeit – durch, selbst auch malen, reisen, ein Atelier haben zu können.

»Bisweilen träume ich von hohen Sälen in erhabenen Museen, dort hängen schöne Bilder; ich gehe, ich sehe, ich bewundere. Wird irgendwann ein Bild von mir von diesen Wänden glänzen?«, schrieb sie in ihr Tagebuch. Ab 1906 stellte Charlotte Berend-Corinth ihre Bilder in der »Berliner Secession« aus und wurde 1911 als Mitglied aufgenommen, später auch in die Jury und den Vorstand. Sie schuf zauberhafte Landschaften und eindrucksvolle Porträts von Schauspielern wie dem Operettenstar Fritzi Massary und deren Mann Max Pallenberg sowie erotische Lithografien von der Tänzerin Anita Berber – Arbeiten, die ihr Anerkennung und Wertschätzung verschafften. Selbst Charlottes

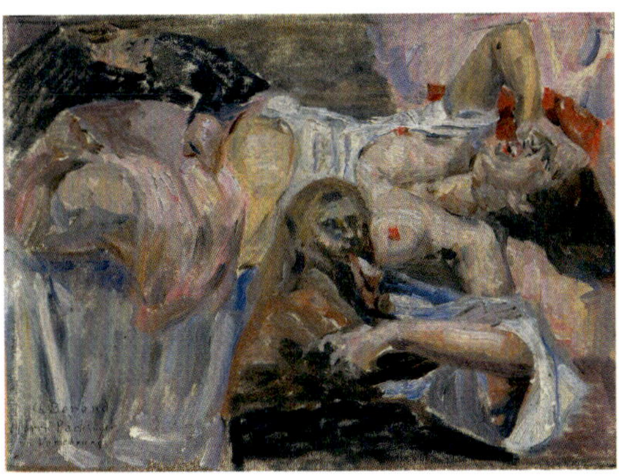

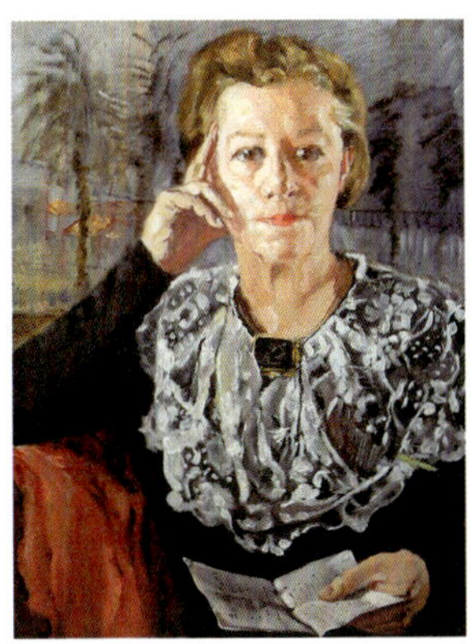

LINKS: *»Die schwere Stunde«, 1908* RECHTS: *»Selbstbildnis«, 1941*

Mann schien bisweilen die Konkurrenz durch seine Frau zu fürchten. So soll Corinth ihr mindestens untersagt haben, ihrerseits Walchensee-Landschaften – für die er gerühmt wurde – zu malen. »Anderes ja: Tiere, Blumen, Porträts, was immer sie wollte«, erinnerte sich beider Tochter Wilhelmine. »Nicht aber die Landschaft! Das war seine Domäne. Und niemand sonst sollte in sie einbrechen dürfen ...« 1908 stellte Charlotte Berend-Corinth das großformatige Gemälde *Schwere Stunde* mit der Darstellung einer Geburtsszene fertig und löste damit heftige widersprüchliche Reaktionen aus. Sie reichten von Else Lasker-Schülers begeisterter Besprechung: »Charlotte Berend hat ein Historienbild des Naturgesetzes gemalt; es müsste neben Michelangelos Moses im Tempel der Galerien hängen«, bis zu großer Empörung.

Lovis Corinth starb 1925, Charlotte lebte ab 1932 in Italien, ehe sie 1939 über die Schweiz in die USA emigrierte, wo sie mit anderen Flüchtlingen wie Alma Mahler-Werfel und Lyonel Feininger zusammenkam. In Amerika malte sie weiterhin Landschaftsaquarelle und Porträts und eröffnete 1943 – wie bereits 1927 in Berlin – eine private Malschule, die sie bis 1955 betrieb. In Erinnerung blieb sie vor allem durch die Vielzahl an Porträts, die Lovis Corinth von ihr schuf, ihre Aufzeichnungen über das Leben mit ihrem Mann – das Buch erschien 1948 in Hamburg – und die Bearbeitung des Werkverzeichnisses von Lovis Corinths Arbeiten.

Erst 1967 veranstaltete die Berliner Nationalgalerie eine Ausstellung mit den Werken Charlotte Berend-Corinths. Sie selbst hat nicht mehr erleben dürfen, dass ihre Bilder »von diesen Wänden glänzten«, wo einst Lovis Corinth seine großen Triumphe feierte. Charlotte Berend-Corinth war im Januar in New York gestorben. *Katja Behling*

Käthe Kollwitz

1867–1945

»Ich will wirken in dieser Zeit, in der die Menschen so ratlos und so hilfsbedürftig sind.«

Künstlerische Arbeit war für Käthe Kollwitz Ausdruck innerlicher Notwendigkeit und selbstauferlegter Pflicht. In dieser Haltung lebt auch der Einfluss ihres Elternhauses und ihres Großvaters, der ein undogmatischer Theologe war, auf die spätere Künstlerin fort: ein Ideal sittlicher Größe und großen Pflichtgefühls sich selbst und anderen Menschen gegenüber. Käthes Vater Carl Schmidt war ein prinzipientreuer Mann mit liberal-sozialistischer Gesinnung. Er hatte seine Juristenlaufbahn aufgegeben und war Maurermeister geworden, auch weil seine Haltung mit einer Karriere als Staatsdiener kaum zu vereinbaren war. Diese moralische Prinzipientreue prägte auch Käthe Kollwitz, die in ihrem Werk wie keine zweite Künstlerin ihrer Zeit sozialkritische und pazifistische Positionen vertritt.

1867 kam Käthe Kollwitz in Königsberg zur Welt. Ihre Eltern förderten die künstlerische Veranlagung ihrer Tochter nach Kräften, so erhielt sie von ihrem vierzehnten Lebensjahr an Zeichenunterricht. Bereits mit neunzehn Jahren lernte sie an der Künstlerinnen-Schule in Berlin bei Karl Stauffer-Bern, der sie mit dem Werk des Bildhauers und Malers Max Klinger vertraut machte. »Ich wollte malen, aber er wies mich immer wieder auf die Zeichnung zurück.« Letztlich verband sie beides: Geradezu malerisch in Wirkung und Auffassung sind viele ihrer frühen zeichnerischen Werke. 1888 setzte sie ihr Studium in München fort. Dort entdeckte sie den Charme ungezwungener Freundschaften, und »die freie Künstlerschaft lockte sehr«. Dennoch heiratete sie 1891 den Arzt Dr. Karl Kollwitz und zog mit ihm nach Berlin. 1892 und 1896 wurden ihre Söhne Hans und Peter geboren. Durch die Tätigkeit ihres

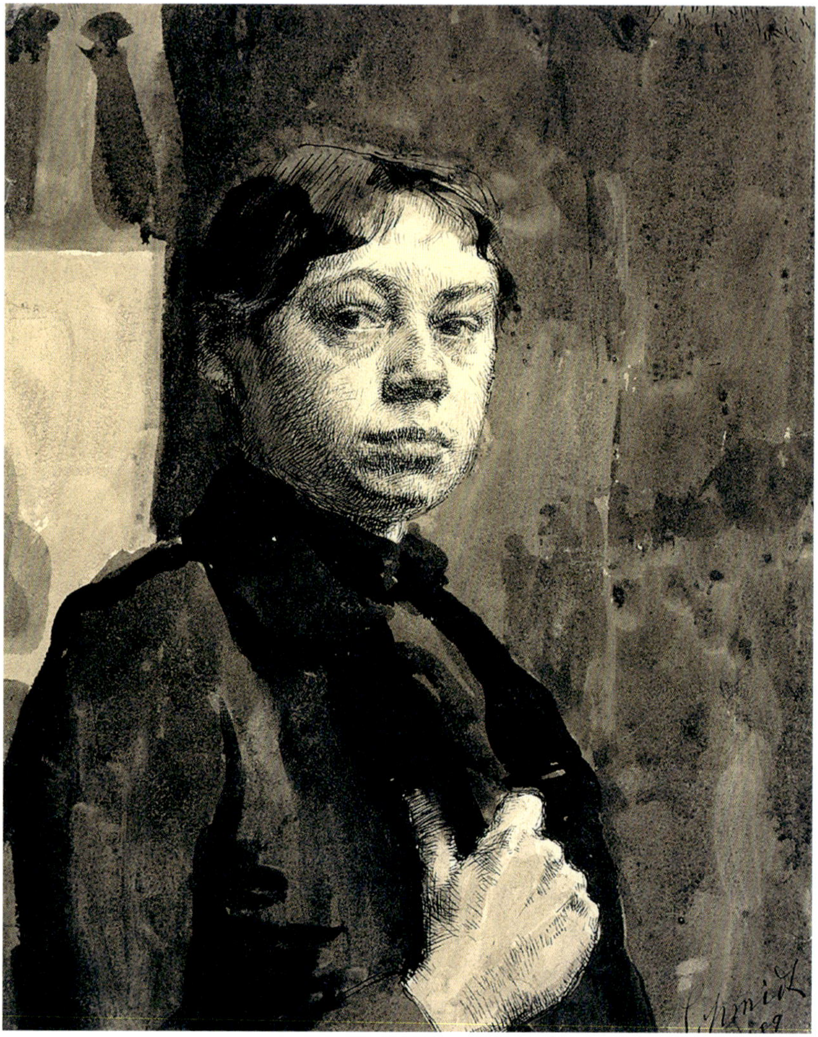

Mannes erhielt die Künstlerin Einblick in die soziale Wirklichkeit von Arbeiterfamilien. Das Stück *Die Weber* von Gerhart Hauptmann inspirierte sie zu mehreren Werken, von denen das Dresdner Kupferstichkabinett einige Blätter erwarb. Von 1898 bis 1903 war Käthe Kollwitz Lehrerin an der Berliner Künstlerinnen-Schule für die Fächer Zeichnen

»Selbstporträt«, 1889

und Grafik. Um sich als Bildhauerin weiter auszubilden, reiste sie 1904 nach Paris, wo sie in der Plastikklasse der Académie Julian arbeitete und Kontakt mit dem Bildhauer Auguste Rodin aufnahm.

Eine zentrale Rolle in Käthe Kollwitz' künstlerischen Arbeiten spielte die Grafik. Ihre politischen und zeitkritischen Plakate, in denen sie soziale Missstände brandmarkte, so die 1923 entstandene Lithografie *Deutschlands Kinder hungern,* gehören zum Besten, was die deutsche Plakatkunst vorzuweisen hat.

Der Verlust ihres Sohnes Peter, der 1914 in Flandern fiel, wurde für Käthe Kollwitz zum lebenslangen Trauma und zum Wendepunkt in ihrem künstlerischen Schaffen. Am 25. Mai 1915 schreibt sie an ihren älteren Sohn Hans in einem Brief: »Es ist so wie Du sagst, Peters Tod ist nur ein Opfertod, wenn wir durch ihn wachsen. Ich weiß, dass es so ist, und allmählich geht auch aus diesem Wissen etwas in mein Leben über. Vielleicht!«

Anlässlich ihres fünfzigsten Geburtstags 1917 wurde Käthe Kollwitz durch zahlreiche Ausstellungen geehrt und wenig später zur Professorin an die Preußische Akademie der Künste berufen. Die Ächtung des Krieges wurde zum beherrschenden Thema in ihrem Werk, gipfelnd im 1932 in Flandern aufgestellten Denkmal *Die Eltern.* 1936 erhielt Kollwitz ein inoffizielles Ausstellungsverbot. 1942 fiel ihr Enkel in Russland, und sie schuf den testamentarischen Steindruck *Saatfrüchte sollen nicht vermahlen werden.*

Im Juni 1944, jeglichen Lebensmutes beraubt, vertraute sie ihrem Sohn Hans und ihrer Schwiegertochter an: »Von Euch fortgehen zu müssen, von Euch und Euren Kindern, wird mir furchtbar schwer. Aber die unstillbare Sehnsucht nach dem Tode bleibt.«

Käthe Kollwitz starb 1945 im Alter von achtundsiebzig Jahren in Moritzburg bei Dresden. Ihr Leben lang hat sie in ihrem künstlerischen Werk gegen die Gleichgültigkeit und für Humanität, Frieden und Gerechtigkeit gekämpft. Dass sie der Trauer der Mütter um ihre verlorenen Söhne und hungernden Kinder dabei einen solchen Stellenwert einräumte, lässt sie als Zeichnerin, Malerin und Bildhauerin zeitlos werden. Sie gehört zu den größten Künstlerinnen des 20. Jahrhunderts.

Katja Behling

DACHAU

»Zu Beginn des Jahrhunderts leuchtete während der Sommerzeit alle fünfzig Meter der Malschirm eines Malers oder einer Malerin ... An besonders beliebten Punkten stand man sogar tagelang Polonäse, bis jeder an die Reihe kam. Viele Motive waren derart oft abgemalt, dass die Bauern oder sonstigen Eigentümer auf Schadenersatz klagten. Ja, es kam selbst vor, dass die Herren Professoren vor Überdruß an dem ständig wiederkehrenden Bild die Korrektur verweigerten«, so beschrieb der schwedische Maler Carl Olof Petersen Dachau.

Das unweit von München gelegene Dachau zog die Künstler wie ein Magnet an. Sie malten en plein air auf den weiten Moosfeldern zwischen graugrünen Gebüschen, Weiden und Birken, entlang der kleinen Wasserläufe und dort, wo alte Baumriesen in den Himmel ragten und helle Kiesgruben sich breitmachten. Der kleine idyllisch gelegene Ort entwickelte sich im 19. Jahrhundert zu einer bedeutenden Künstlerkolonie – lange bevor sich durch das im »Dritten Reich« hier eingerichtete Konzentrationslager ganz andere Assoziationen mit dem Namen verbanden.

Johann Georg von Dillis war um 1820 einer der ersten Künstler, der die Motive dieser reizvollen Landschaft zwischen Amper und Würm im Norden Münchens entdeckte. Ihm folgten die Maler Eduard Schleich d. Ä., Christian Morgenstern, Carl Spitzweg und später Wilhelm von Diez, Akademielehrer aus München, mit seiner Schüler-Truppe Carl Johann Becker-Gundahl, Franz Marc und Wilhelm Trübner.

Die Zahl der begeisterten Freilichtmaler, die den lärmenden Großstädten entflohen, um vor der Natur Skizzen und Studien malerischer Motive anzufertigen, wuchs besonders nach den »Internationalen Kunstausstellungen« im Glaspalast in München, wo Werke der französischen Impressionisten zu sehen waren. Begriffe wie »Plein air«

und »Impression« schwirrten jetzt in der Luft und lieferten im Kreis aufgeschlossener Künstler reichlich Gesprächsstoff für eine Auseinandersetzung mit den modernen Strömungen in der Malerei, die sich in Frankreich bereits durchzusetzen begannen. Max Liebermann und Max Slevogt, Fritz von Uhde, Lovis Corinth und Adolf Hölzel strebten nach Dachau. Sie bildeten damals die künstlerische Avantgarde und fanden hier mit gleichgesinnten Kollegen ideale Arbeitsbedingungen – ein Grund zu bleiben. Hölzel blieb achtzehn Jahre in dem Künstlerstädtchen, das auf seine Art ein »Deutsches Barbizon« wurde, wie Fritz von Ostini schrieb, der Starjournalist im damaligen München. Vor allem, nachdem auf Initiative des Architekten Georg Ludewig im Süden des Marktfleckens Künstlerhäuser – Wohnhäuser mit Ateliers – gebaut worden waren und hier bisweilen bis zu dreißig Künstlerinnen und Künstler lebten und arbeiteten.

Um 1890 gründete Adolf Hölzel in Dachau eine Malschule, die später weit über die Grenzen des Orts hinaus berühmt wurde. Sein hervorragender Unterricht und die Kunde von seiner charismatischen Persönlichkeit sprachen sich schnell herum und weckten besonders das Interesse der talentierten Damen. Eine Schar von Schülerinnen und Schülern fand sich ein – Emmi Walther, Maria Langer-Schöller und Ida Kerkovius gehörten dazu, und auch Emil Hansen, der sich später Nolde nannte. Sie alle arbeiteten in lockeren Gemeinschaften.

Die angenehme Atmosphäre zog weitere Kreise angehender Künstlerinnen an. Viele studierten auch bei Hans von Hayek, der um 1900 auf einem ländlichen Anwesen ein Wohnhaus mit Ateliergebäude errichten ließ und dort ebenfalls eine Malschule eröffnete. Aus ihr gingen unter anderem Wilma von Friedrich, Dorothea Kirchner-Moldenhauer und Anna Klein hervor. In den Publikationen über die Dachauer Maler werden die Frauen selten erwähnt. Dies beginnt sich erst jetzt langsam und durch das Engagement der Dachauer Gemäldegalerie zu ändern.

Anna Klein

1883–1941

»Sie entdeckte die Liebe zum Detail und entwickelte ein feines Gespür für die Darstellung kleiner Zufälligkeiten und amüsanter Momente aus dem Alltag des ländlichen und städtischen Lebens.«

Im Sommer kamen zahlreiche Schüler und Schülerinnen zu Hans von Hayek, die dann entweder im Atelier oder im Freien nach der Natur ihre Studien machten. Da sah man dann in den verschiedenen Teilen der so abwechslungsreichen Dachauer Landschaft im Moos, an der Amper, in den Wiesen, um einen schönen Baum herum gruppiert, die Maljünger und ›Malweiber‹, wie damals die Malerinnen allgemein bezeichnet wurden, stehen oder sitzend und malen, oft sehr zum Ärger der Bauern, denen dabei das Gras zertrampelt und oft auch mit Ölfarbresten ... verunreinigt wurde«, erinnerte sich Carl Thiemann, ein Maljünger. Anna Klein war eine von denen, die den Sommer über in der Künstlerkolonie in Dachau nach der Natur malten. Das ursprünglich umfangreiche Werk der Künstlerin ist weitgehend verschollen, bis auf einige Gemälde, Holz- und Linolschnitte sowie Zeichnungen und Aquarelle, die über die Jahre in Privatbesitz gehütet wurden. Der Nachlass, der 2007 in einer Schenkung an die Dachauer Gemäldegalerie ging und dort ein Jahr später in einer Ausstellung präsentiert wurde, holte die Künstlerin aus der Vergessenheit, siebenundsechzig Jahre nach ihrer Ermordung durch die Nationalsozialisten.

Anna Klein wurde 1883 als drittes Kind eines wohlhabenden jüdischen Weinhändlers in Nürnberg geboren. Schon als Achtzehnjährige bereitete sie sich auf den Beruf der Künstlerin vor und zog 1901 von Nürnberg nach Dachau. Hier begann sie ihre Ausbildung an der privaten Malschule Hans von Hayeks, wo sie sich mit Landschaftsmalerei

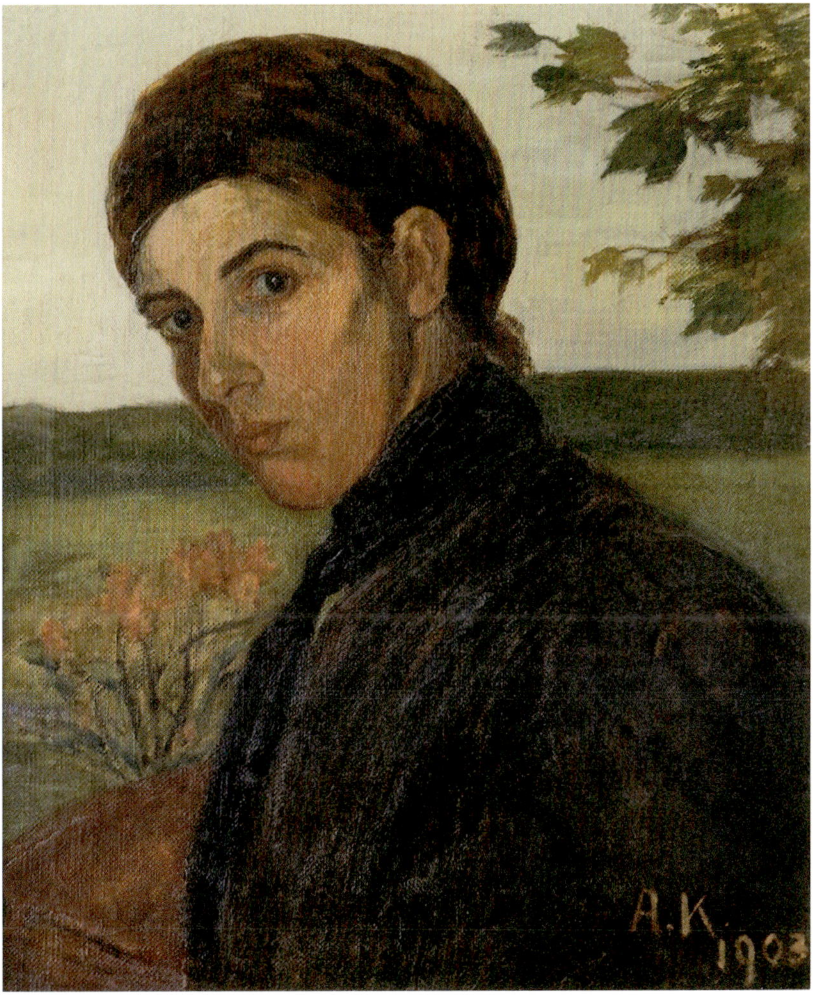

und Tierdarstellungen beschäftigte. Schon nach einem Jahr in Dachau schrieb sich Anna an der Damenakademie des »Münchner Künstlerinnenvereins« ein, in die Vormittagsklasse von Max Feldbauer. Er war bekannt für seine Szenen aus dem bayerischen Volksleben und hatte eine Vorliebe für Pferdebilder. Dort lernte Anna Klein vermutlich Franz Marc kennen, der das Fach anatomische Tierstudien unterrichtete.

»Selbstbildnis«, 1903

Im Frühjahr 1906 reiste Hans von Hayek mit seiner Malklasse nach Holland. In dem Land der pittoresken Motive öffnete sich die Künstlerin neuen Sujets – sie schuf großformatige Zeichnungen von Bauern und Fischern, die ihr besonderes Interesse an der holländischen Tracht mit den typischen Hauben, den Schürzen und Holzschuhen widerspiegeln. Anna entdeckte die Liebe zum Detail und entwickelte ein feines Gespür für die Darstellung kleiner Zufälligkeiten und amüsanter Momente aus dem Alltag des ländlichen und städtischen Lebens. Solche volkstümlichen Szenen fing sie humorvoll und bisweilen auch ins Karikaturhafte überspitzt in ihren Bildern ein.

1910 begann Anna, die mit ihren Eltern und ihrem Bruder in München wohnte, an der Königlichen Kunstgewerbeschule das zweijährige Studium für das Zeichenlehramt. In den folgenden Jahren schuf sie eine Reihe dekorativer Gebrauchsgrafiken als Entwürfe für Plakate und für Produktverpackungen und widmete sich dem Linolschnitt. 1914 beteiligte sie sich erfolgreich an der Leipziger Buchgewerbeausstellung »Bugra«, wo ihr großer Holzschnitt *Leonhardifahrt* einen Käufer fand. Schließlich nahm sie in den Jahren zwischen 1919 und 1923 an den Ausstellungen bildender Künstler im Münchner Glaspalast teil. Ihre Arbeiten zeugen von ihrer großen zeichnerischen Begabung und Originalität als Künstlerin. Als Malerin, Zeichnerin und Illustratorin war Anna jetzt sehr gefragt. Diese erfolgreiche Zeit endete für Anna Klein jedoch schon Anfang der dreißiger Jahre, da sie schwer unter Rheumatismus litt und ihre künstlerische Arbeit kaum fortsetzen konnte.

Im November 1941 wurde die achtundfünfzigjährige Künstlerin als Jüdin – sie war bereits als junges Mädchen zum katholischen Glauben konvertiert – von den Nationalsozialisten nach Kowno in Litauen deportiert und dort erschossen.

Anke Manigold

Maria Langer-Schöller

1878–1969

»Stillleben mit Katzen, Blumen und Früchten und in Aquarell gemalt rücken ihr Werk in die Nähe von Henri Matisse.«

Marias Wunsch, Malerin zu werden, kam nicht von ungefähr. Sie wurde 1878 als einzige Tochter des Bezirksamtmanns Emil Schöller und seiner Ehefrau, der Pianistin Maria, geboren und stammte aus einer Familie mit künstlerischen Neigungen; ihr Großvater betätigte sich als sonntäglicher Landschaftsmaler, Onkel und Vetter waren Maler.

Maria begann ihr Studium an der privaten Malschule von Adolf Hölzel in Dachau. 1949 schrieb sie über ihn: »Adolf Hölzel stammte aus Olmütz. Sein Heim war geschmacklich eindrucksvoll. Wände und Boden schmückten Teppiche seiner Heimat. Auf der Truhe lag auf farbsattem Kissen eine schöne Angorakatze. In seinem Haus, das der Freund des Meisters, Eduard Ziegler, für ihn baute, gaben sich Künstler, Kunstfreunde und Schüler ein Stelldichein. Da gab es geistigen Austausch, Anregungen mannigfachster Art. Immer von höchster Warte aus, klärend und erklärend, waren Hölzels einprägsame Vorträge. Nimmermüd, immergestaltend, schien er der Jüngste unter den Jungen.«

Von 1896 bis 1903 studierte Maria bei Max Feldbauer an der Damenakademie des »Münchner Künstlerinnenvereins«, die nach dem Vorbild der Königlich Bayerischen Akademie der Künste organisiert war. Vermutlich nahm sie auch Unterricht bei Lovis Corinth in Berlin. Anschließend schrieb sie sich im Atelier von Ludwig Schmidt-Reutte an der Akademie in Karlsruhe ein. Hier lernte sie den gleichaltrigen Maler und Bildhauer Otto Richard Langer kennen, den sie 1903 heiratete. Aus dieser Zeit stammt die einzig bekannte frühe Arbeit der Künstlerin, eine Porträtzeichnung von Langer. Das Paar zog nach Dachau, wo Maria bis zu ihrem Tod leben und arbeiten sollte. Während

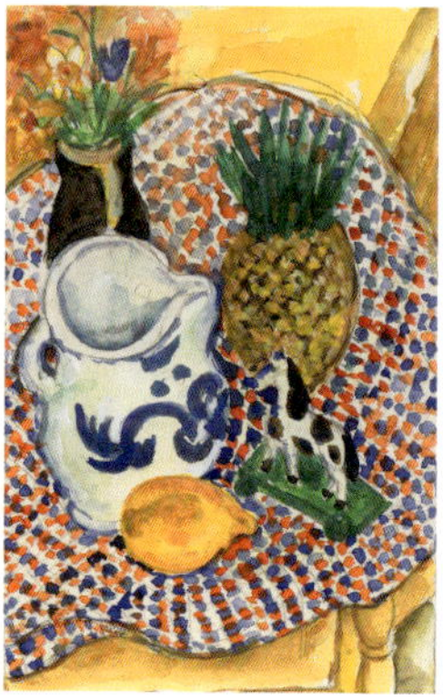

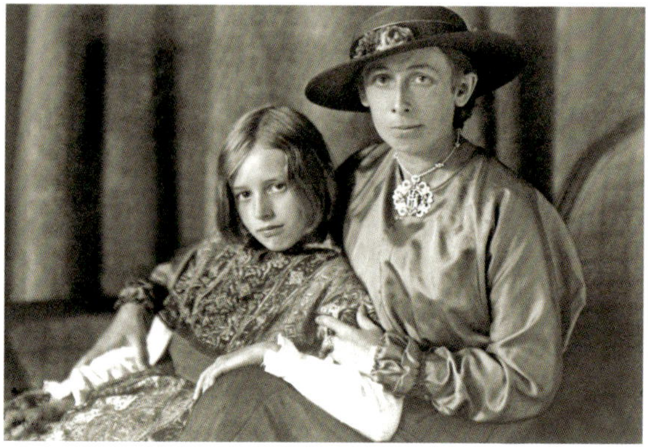

Otto sich häufig in Paris aufhielt, wo er dem Künstlerkreis um Henri Matisse angehörte, blieb Anna in Dachau und sorgte für die gemeinsame Tochter. Gelegentlich überließ Maria das Mädchen der Obhut ihrer Mutter, um ihrem Ehemann in die Seine-Stadt zu folgen und dort selbst Stunden in der Académie Matisse zu nehmen.

Das anfangs so heile Familienglück bekam bald Risse. Im Oktober 1912 wurde die Ehe mit Otto Richard Langer geschieden. Maria musste jetzt allein für den Unterhalt der kleinen Familie aufkommen. In den nächsten Jahren arbeitete sie als Grafikerin für verschiedene Zeitungen, als Illustratorin für Kinderbücher und weiterhin als freie Künstlerin. Viele ihrer Bilder aus dieser Zeit sind verloren gegangen. Bekannt sind heute überwiegend Stillleben aus den fünfziger Jahren, meist mit Katzen, Blumen und Früchten und in Aquarell gemalt, die ihr Werk in die Nähe der dekorativ-flächigen Bilder von Henri Matisse rücken.

Maria Langer-Schöller, die 1969 im Alter von 91 Jahren in Dachau starb, widmete ihr Leben der Kunst, das sie unbeeinflusst von aktuellen Tendenzen in der Malerei führte. Heute ist ihr Name nur jenen Kunstverständigen ein Begriff, die sich mit Adolf Hölzel oder der Académie Matisse beschäftigen. In diesem Zusammenhang gedachten Ausstellungen im Kunst-Museum Ahlen, 2005, und 2008 in der Gemäldegalerie Dachau der Künstlerin Maria Langer-Schöller. *Anke Manigold*

LINKS: *»Stillleben mit Ananas und Holzpferdchen«, 1959*
RECHTS: *Maria Langer-Schöller mit ihrer elfjährigen Tochter Esther, 1916*

Paula Wimmer

1876–1971

»Ich spiele mit den Farben Theater.«

Es gibt Leute, die sind von meinen Bildern bzw. Graphiken, insbesondere von meiner Auffassung, schockiert. Für mich war aber das Urteil von Westheim, Cassirer und Gurlitt maßgebend, und ich machte bewußt oder besser unbewußt gelöst auf diesem Wege weiter«, sagte emanzipiert die Malerin und Grafikerin Paula Wimmer über sich selbst. Sie steht beispielhaft für jene Frauen, die sich um die Jahrhundertwende wagemutig in das Künstlerinnenleben begaben. Selbstbewusst setzte sich Paula über Unverständnis und Kritik hinweg, die ihr Werk beim Publikum auslösten, und fand mit verwegenen Farb- und Formexperimenten zu einer eigenen Bildsprache.

Paula Wimmer, 1876 in München geboren, entstammte einer großbürgerlichen Familie, die ihr ein unbeschwertes und sorgenloses Leben ermöglichte und die seltene Freiheit, ihre künstlerische Begabung zu entfalten. Ihre Ausbildung begann sie um 1900 bei Karl Becker-Gundahl in München und setzte sie an der dortigen Damenakademie bei Max Feldbauer fort, bei dem sie im Winter Aktmalerei und im Sommer Freilichtmalerei in Dachau studierte. In dieser Zeit orientierte sich Paula Wimmer stilistisch an der naturalistisch-impressionistischen Darstellungsweise. Sie erkannte bald, dass der Impressionismus »die beste Schule zum Lernen ist, aber immer noch geistig gebunden ist. Ich muß darüber hinwegkommen.« Für ihr Vorhaben erhoffte sich die junge Malerin, ehrgeizig und zielstrebig wie sie war, auf Reisen Anregungen zu erhalten. Von München aus fuhr sie nach Rom und Venedig und rundete ihre Europatour um 1911 mit einem mehrmonatigen Aufenthalt in Paris ab. Dort studierte sie an der renommierten Académie Ranson. Paul Ranson, der zum Kreis der »Nabis«, der Erleuchteten, gehörte, strebte in seiner Malerei eine einheitliche Farbfläche an, die er mit schwarzen Konturen einfasste.

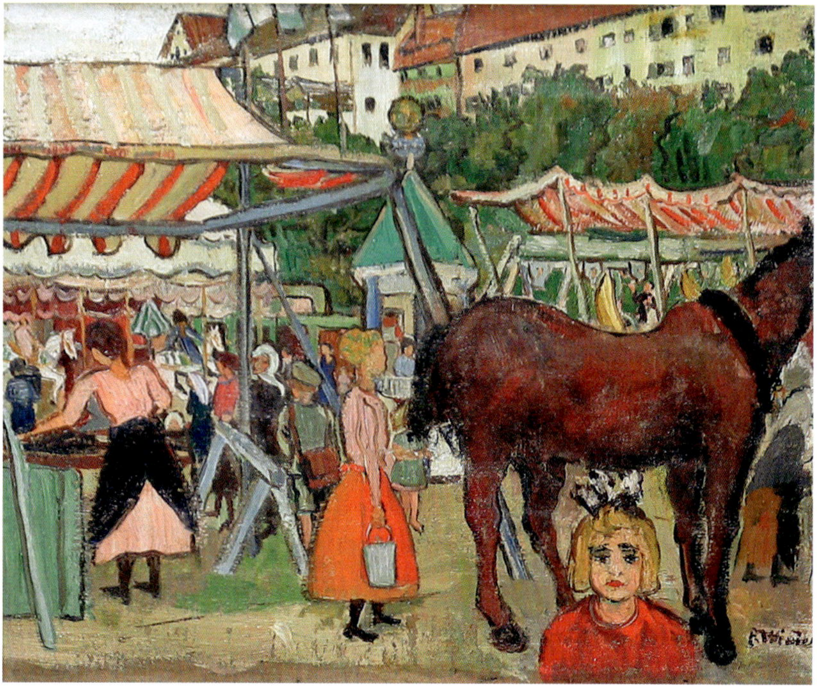

»Volksfest in Dachau«

Noch vor Ausbruch des Ersten Weltkriegs besuchte Paula Berlin, wo sie beeindruckt war von den avantgardistischen Strömungen in der Kunst. Neue irritierende Impulse erhielt sie vor allem im Kreis der Expressionisten. In Berlin lernte sie auch den einflussreichen Kunstkritiker Paul Westheim kennen, der wenige Jahre später als Herausgeber der populären Monatszeitschrift *Das Kunstblatt* und der Kunstmappe *Die Schaffenden* ihre Arbeit entscheidend unterstützen sollte.

1915 zog Paula nach Dachau, zunächst in die Augustenfelder Straße und später in die Kleine Moosschwaige, wo sie regelmäßig eine Runde von Künstlern empfing, die sie unermüdlich zeichnete. Zeichnen war ihre Leidenschaft. Es entstanden die ersten Grafiken, die aus der Welt des Zirkus erzählen und motivisch an die großen Impressionisten des 19. Jahrhunderts anknüpfen, an Auguste Renoir und Henri de Toulouse-Lautrec. Als Paula ihre Grafiken 1921 auf der Großen

Kunstausstellung in Berlin präsentierte, überzeugten diese die Kunsthändler Fritz Gurlitt und Paul Cassirer. Nachdem auf Veranlassung von Paul Westheim noch im gleichen Jahr in der ersten Ausgabe der Grafikmappe *Die Schaffenden* auch eine ihrer Radierungen zusammen mit Werken avantgardistischer Künstler wie Max Pechstein und Alexander Archipenko erschien, sah sie sich als moderne Künstlerin bestätigt. Die Kritik allerdings gab sich gespalten, die einen bewerteten *Zirkus* als »schwächstes« Blatt, andere stellten eine »charakteristische ... Art, einen, leichten, eigenwilligen, spielerischen Strich« fest. Doch Paula vertraute ganz dem Urteil von Paul Westheim und ließ sich nicht beirren, zumal zwei Jahre später auch Franz Gurlitt eine Auswahl ihrer Holzschnitte und Radierungen in seine Mappenwerke *Das graphische Jahr II* aufnahm. Paula Wimmer, sie war jetzt siebenundvierzig Jahre alt, stand auf dem Höhepunkt ihrer Karriere.

Auch ihre Gemälde mit Motiven von den Dachauer Volksfesten, von Hochzeiten und vom Zirkusleben, die in klaren Formen und kräftigen Farben gemalt sind, gewannen stetig an expressiver Ausdruckskraft. »Unverkennbar, die Paula-Wimmer-Arbeiten erkennt man sofort«, sagte Alfred Kubin, ein Freund Paulas und berühmter österreichischer Grafiker.

Ende der zwanziger Jahre verlor Paula Wimmer durch die Wirtschaftskrise ihr Vermögen. Sie lebte von gelegentlichen Verkäufen ihrer Bilder, die sie auch nach dem Zweiten Weltkrieg erfolgreich auf Ausstellungen zeigte, obwohl die abstrakte Kunst längst in den Vordergrund gerückt war und ihre Werke nicht mehr dem Zeitgeschmack entsprachen. Als 1952 die Städtische Galerie im Lenbachhaus das Gemälde *Brautbild* erwarb – ein großer Triumph für die Künstlerin –, galt sie als eine der wichtigsten Dachauer Malerinnen. Sie »spiele mit den Farben Theater«, sagte sie einmal – und das bis ins hohe Alter. Paula Wimmer starb 1971 im Alter von siebenundneunzig Jahren in einem Altenheim in Dachau. Fünf Jahre später richtete ihr die Stadt eine Ausstellung aus, eine weitere folgte im Jahr 1994. Bis heute hat Paula Wimmer den ihr gebührenden Platz in der Geschichte der Dachauer Künstlerinnen halten können.

Anke Manigold

Johanna Oppenheimer

1872–1942

»Eine ungewöhnlich moderne und unkonventionelle Künstlerin.«

»Wenn Frl. Oppenheimer vom Bahnhof kam, liefen ihr die Kinder schon entgegen, denn es war längst bekannt, dass sie für jedes Kind etwas Süßes in der Tasche hatte«, erinnerte sich eines der Kinder später an die bei den Dorfbewohnern überaus beliebte Johanna Oppenheimer. Im bayerischen Schöngeising wirkte sie nicht nur als Malerin, sondern auch als künstlerische Inspirationsfigur; heute ist ihr Name nurmehr jenen Kunstinteressierten ein Begriff, die sich mit den »Brucker Malern« aus Fürstenfeldbruck beschäftigen. Das umfangreiche Œuvre der Künstlerin ist bis auf wenige Bilder verschollen. Wie die meisten professionellen Malerinnen ihrer Zeit, hatte Johanna Oppenheimer mit den Vorurteilen und der Geringschätzung ihrer männlichen Kollegen und des Publikums zu kämpfen. Als Jüdin war sie darüber hinaus ab 1933 den Repressalien und der Verfolgung der Nationalsozialisten ausgesetzt.

Geboren wurde Johanna Oppenheimer 1872 in Frankfurt in eine großbürgerliche Kaufmannsfamilie, deren Töchter alle einen für die damalige Zeit ungewöhnlichen Weg einschlugen. Eine der beiden Schwestern Johannas ließ sich von ihrem Mann scheiden und wanderte nach England aus, wo sie ein zweites Mal heiratete. Die andere absolvierte das Lehrerinnenseminar – Gipfel einer weiblichen Karriere ihrer Generation – und holte, als Frauen endlich zum Studium zugelassen wurden, das Abitur nach, um sich als eine der ersten Studentinnen an der medizinischen Fakultät in Würzburg einzuschreiben.

Johanna besuchte vermutlich eine private Mädchenlehranstalt und nahm Malunterricht, bevor sie 1900 in München ihre Ausbildung an der Malschule des Künstlerinnenvereins aufnahm und Anschluss fand an die künstlerische und literarische Boheme in Schwabing, zu der Thomas Mann, Joachim Ringelnatz, Rainer Maria Rilke, Paul Klee, Wassily Kandinsky und viele andere gehörten. 1910 schied Johanna aus der Malschule aus und versuchte sich in München als professionelle Malerin. Sie komponierte ihre Bilder aus breiten, lockeren Pinselstrichen und pflegte einen Malstil, der sich an den französischen Impressionisten Monet, Manet, Cézanne, Degas und, wie etwa das Bildnis *Großmutter mit Enkelin*, kompositionell an Berthe Morisot orientierte. Die Kritik schätzte ihre Arbeiten, so stand 1914 in den *Münchner Neuesten Nachrichten*: »Johanna Oppenheimer beweist in dem Bildnis einer jüngeren Dame Geschick in der malerischen Formgebung«, und 1921 lobte ein Autor ihre Aktstudien, sie seien »flott hingesetzt und gut in der Farbe sitzt der junge Körper im Bild«.

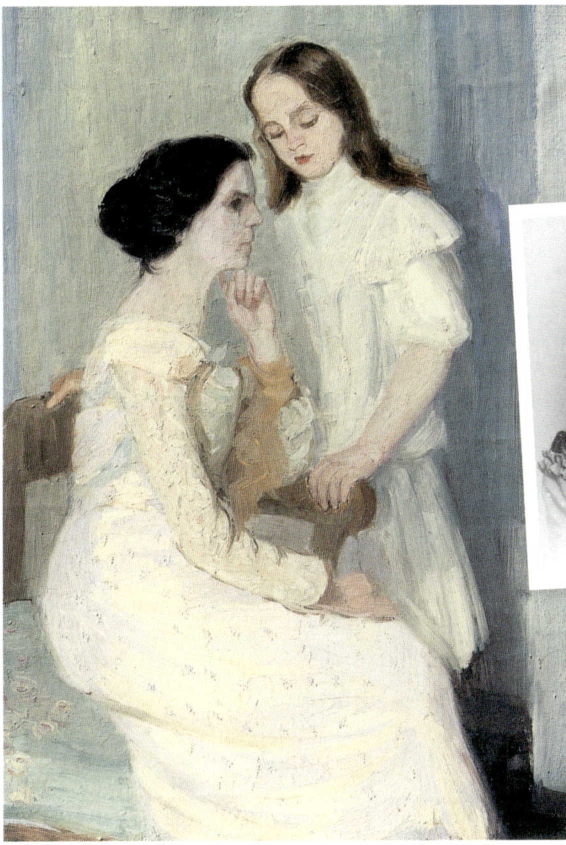

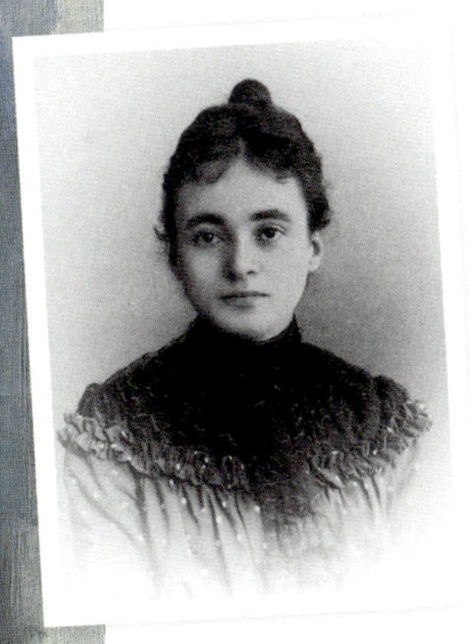

LINKS: *»Cäcilie mit ihrer Tochter Edith«*

RECHTS: *Johanna Oppenheimer, 1900*

1919 zog Johanna Oppenheimer nach Schöngeising, wo sie sich schon öfter mit ihrer Freundin, der Sängerin und Lautenspielerin Else Hoffmann, zur Sommerfrische aufgehalten hatte. Die beiden, die sich in einem Münchner Café kennengelernt hatten, ließen sich ein Haus mit einem Atelier für Johanna bauen. Auch der pensionierte königlich bayerische Kammervirtuose und Flötist im Hoforchester Heinrich Scherrer, der an der Volksliedsammlung *Zupfgeigenhansl* arbeitete, hatte sich in dem Ort niedergelassen. Das unkonventionelle Trio bildete eine Art Lebensgemeinschaft, die eng mit dem dörflichen Milieu verbunden war. Johannas Liebe galt besonders den Kindern des Dorfs, sie gab ihnen Malunterricht, einige unterrichtete sie zudem in Französisch und Englisch, ein jedes beschenkte sie zu Weihnachten. Viele malte sie – und schenkte ihrem Modell das jeweilige Bild. Die Porträts der Schöngeisinger Kinder, die Blumenstillleben und die Bilder, die Oppenheimer in der dortigen Natur schuf, spiegeln eine vollkommene Idylle. Doch nach 1933 war es mit der Idylle vorbei. Johanna Oppenheimer, einzige Jüdin im Ort, durfte ihren Beruf nicht mehr ausüben, nach 1941 ging sie aus Angst vor Verfolgung kaum noch aus dem Haus. 1942 wurde die siebzigjährige Malerin nach Theresienstadt deportiert. Im Dorf wartete man auf Post von dort – eines Tages traf die Nachricht ein, dass Johanna Oppenheimer dort am Vorweihnachtstag 1942 an Ruhr gestorben sei.

Viele Bilder Johanna Oppenheimers befinden sich in Privatbesitz – häufig waren die heutigen Besitzer jene Kinder, die sie gemalt hatte. Ein Jahr nach Oppenheimers einhundertfünfundzwanzigstem Geburtstag und sechsundfünfzig Jahre nach ihrem Tod im Konzentrationslager Theresienstadt widmete Fürstenfeldbruck der »Brucker« Malerin eine Retrospektive und gedachte damit einer unkonventionellen Künstlerin.

Katja Behling

MÜNCHEN UND MURNAU

»Sehr, sehr schön ist es ... Diese ganz tiefliegenden und sich langsam bewegenden Wolken, der düstere, dunkelviolette Wald, die blendendweißen Gebäude, sammettiefe Dächer der Kirchen, dieses sattgrüne Laub – habe ich noch immer vor Augen, habe sogar von den Sachen geträumt«, schrieb Wassily Kandinsky an Gabriele Münter, nachdem er das oberbayrische Murnau 1904 entdeckt hatte. Der Anblick des kleinen Dorfs am Staffelsee, wohin Bauern aus der Umgebung zum Markt wanderten und Frauen zum Kirchgang sich in ihren farbenfrohen Trachten zeigten, entsprach Kandinskys Sehnsucht nach einem zurückgezogenen Leben auf dem Land, fernab der Industrialisierung und der sich rasant verändernden Metropolen.

Auch die Münchner Kunstszene war im Wandel begriffen. Nach den »Malerfürsten« Franz von Lenbach und Franz von Stuck traten ambitionierte Gruppen einer heranwachsenden Generation ins Rampenlicht des Kunstbetriebs, von denen die neuen Zeitschriften *Jugend* und *Simplicissimus* kündeten.

Nach 1900 entwickelte sich München zu einem avantgardistischen Zentrum der Kunst, in dem Wassily Kandinsky eine bedeutende Rolle spielte; er war 1896 aus Moskau in die Stadt gekommen. Als Künstler und Theoretiker, Lehrer und Kritiker erkannte er, dass es zur Durchsetzung einer neuen Strömung mehr bedurfte als eines genialen Meisters moderner Bilder. Auf seine Initiative wurde 1901 als Plattform für die zeitgenössische Kunst die Künstlervereinigung »Phalanx« gegründet.

Wassily Kandinsky und Gabriele Münter reisten im Sommer 1908 nach Murnau. Sie stiegen im Gasthof »Griesbräu« ab und verbrachten zusammen mit dem russischen Malerpaar Marianne Werefkin und Alexej Jawlensky einige »heroische« Wochen, wie Kandinsky jubelte. Die »schöne, interessante, freudige Arbeitszeit mit vielen Gesprächen über Kunst«, so Münter, führte das Murnauer Quartett zu einer neuen Sichtweise auf die Kunst, die später die Kunstwelt in Bewegung versetzen sollte. Zwischen 1908 und 1914 wurde Murnau vor allem für Wassily Kandinsky und Gabriele Münter, vorübergehend auch für Alexej Jawlensky und Marianne Werefkin sowie gelegentlich für Franz Marc und Heinrich Campendonk zu einem Ort der Inspiration. Die unberührte Schönheit des Voralpenlands und die bayrische Volkskunst der Glasbilder lieferten augenscheinlich die Impulse für eine Malweise, die in radikal einfache Formen und ungebrochene Farben mündete. Ein bahnbrechender Fortschritt auf dem Weg in die Moderne, auf dem Kandinsky als einer der Ersten den Schritt in die Abstraktion wagte.

In Murnau wurde auch die Idee geboren, eine Ausstellung für die Avantgarde unter dem Namen »Der Blaue Reiter« zu organisieren, zu dessen Präsentation es Ende des Jahres 1911 in den Räumen der Galerie Heinrich Thannhäuser und 1912 in der Galerie von Hans Goltz kam. Nur zwei Ausstellungen waren die ganze Ausbeute des »Blauen Reiters«, der Furore machte und als bedeutsamster Zusammenschluss expressionistischer Künstler in Deutschland weltbekannt wurde.

Marianne Werefkin

1860–1938

»Ich schaffe mir ganz bewußt Illusionen und Träume. Darin bin ich Künstler. Ich bin mehr Mann als Frau. Allein das Bedürfnis zu gefallen und das Mitleid machen mich zur Frau. Ich bin nicht Mann, ich bin nicht Frau, ich bin Ich.«

Marianne Werefkin war eine schillernde Persönlichkeit, charmant, originell und nicht ohne Verrücktheiten, wie es hieß, und eine brillante Künstlerin, weswegen sie – obgleich keine klassische Schönheit – Männer umschwärmten. In Russland galt sie in ihrer Jugend als Meisterin der realistischen Malerei, was ihr die Bezeichnung »russischer Rembrandt« eintrug. Später, in München, unterhielt sie einen Salon, der zum Treffpunkt der Münchener Avantgarde wurde.

Ihre weltoffene Lebensart verdankte Marianne Werefkin der aristokratisch-noblen Atmosphäre ihres Elternhauses. Geboren wurde sie 1860 im russischen Tula. Ihr Vater Wladimir Werefkin, ein hoher General, entstammte dem Moskauer Uradel und die Mutter Elisabeth, eine Porträt- und Ikonenmalerin, einer alten Kosaken-Fürstenfamilie. Beide Familien pflegten von jeher Kontakt zum Zarenhof. Marianne erhielt mit vierzehn Jahren Zeichenunterricht, und als sie neunzehn war, ließen die Eltern ihrer begabten Tochter auf ihrem Gut Blagodat in Litauen ein Atelierhaus errichten. Ein Jahr später wurde sie in St. Petersburg Schülerin von Ilja Repin, einem der berühmtesten realistischen Maler Russlands.

In seiner Malklasse lernte Marianne Werefkin 1892 – sie hatte gerade eine Liaison mit ihrem sechzehn Jahre älteren Lehrer hinter sich – Alexej Jawlensky kennen. Jawlensky, vier Jahre jünger als sie, steckte noch in den Anfängen seiner Ausbildung, während Werefkin sich bereits als erfolgreiche Malerin einen Namen gemacht hatte. »Er war ein kleiner Offizier, war arm wie eine Kirchenmaus«, sagte sie. Die Baronin aber »liebte seine Kunst« und fühlte sich ermuntert, den jungen talentierten Mann, zu dem sie sich, in einer »zärtlichen netten Freundschaft in gemeinsamer Liebe zur Kunst« verbunden fühlte, mit allen Mitteln zu fördern. Aus ihren anfänglich freundschaftlichen Gefühlen wurde eines Tages Liebe, die Jawlensky allerdings, so sehr Werefekin insgeheim auch hoffte, nicht erwiderte. Über seine zahlreichen Affären setzte sie sich nonchalant hinweg, tief überzeugt von seiner Begabung und erfüllt von ihrer Aufgabe als Mentorin und Mäzenin.

Nach dem Tode ihres Vaters im Jahr 1896 durch ein Erbe finanziell abgesichert, reiste sie gemeinsam mit Jawlensky nach München. Sie mietete eine komfortable Doppelwohnung in Schwabing, in der die umtriebige Werefkin ihren berühmten rosafarbenen Salon einrichtete, um ihren Lebensgefährten in die besten Kreise der Münchener Kunstszene einzuführen. Sie empfing unter anderen Wassily Kandinsky, Gabriele Münter, den Maler und Tänzer Alexander Sacharoff, die Dichterin Else Lasker-Schüler, Anton Azbe, in dessen privater Malschule auch Jawlensky und Franziska Gräfin zu Reventlow sich übten, des Weiteren die wichtigsten Museumsleute, darunter Gustav Pauli, und Galeristen. Die »blaue Reiterreiterin«, wie sie Else Lasker-Schüler amüsiert bezeichnete, war im Vorfeld des Expressionismus eine der treibenden Kräfte, die zur Gründung der berühmten Künstlergruppe des »Blauen Reiters« führte.

Jawlensky allerdings wurde zunehmend eifersüchtig auf ihre Kunst und ihr Können und schien die Konkurrenz durch seine begabte Verehrerin zu fürchten. Da Werefkin Unstimmigkeiten unbedingt vermeiden wollte, gab sie ihre eigene Malerei für zehn Jahre auf. Sie widmete sich nun vollends ihrem Gesamtkunstwerk Jawlensky – bevor der zunehmend eigene Wege ging und sie maßlos enttäuschte – als Mensch und Künstler. Ihre selbstgewählte Mission, Jawlensky zu einem Maler nach ihren Idealvorstellungen zu formen, schien missglückt.

1906 wagte sie wieder, selbst zu Pinsel und Farben zu greifen: »Ich bin mehr denn je Künstler. Meine Kunst, die ich aus Liebe und höchster Achtung niederlegte, kehrte größer denn je zurück.« Mit alter Schaffenskraft, entschieden expressionistisch und in leuchtenden

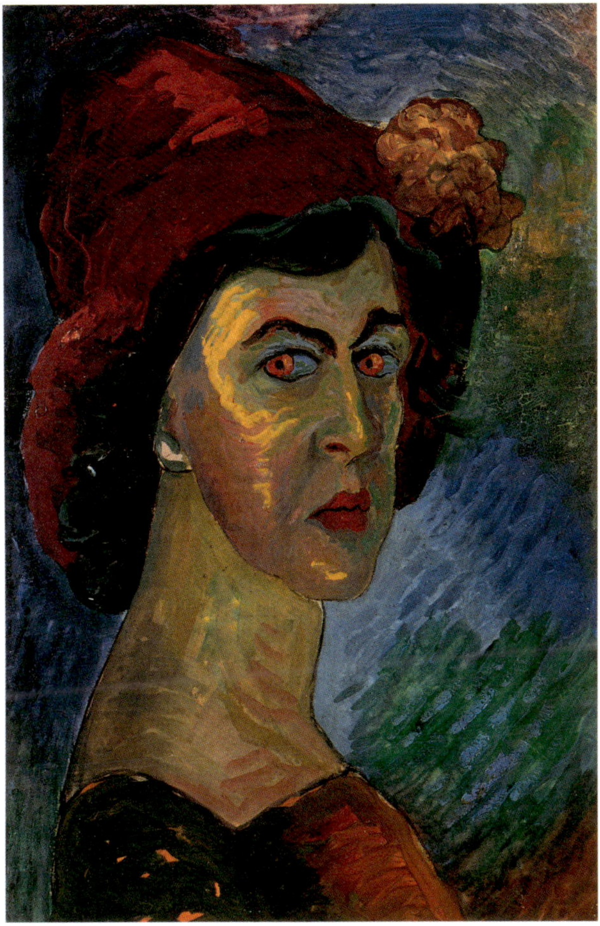

»Selbstbildnis«, 1910

Farben, entstanden in dichter Folge ihre schönsten Bilder, die ihr im Kunstbetrieb hohes Ansehen und Anerkennung verschafften. Die versierte Werefkin hatte sich offensichtlich in der Zeit ihrer eigenen künstlerischen Abstinenz auf theoretischer Ebene und auf ihren Reisen nach Italien und Frankreich ausführlich fortgebildet und sich stilistische Mittel angeeignet, die in ihrer Modernität verblüfften. 1907 entstand *Herbst (Schule)*, ein flächenbezogenes Bild, das den Ideen der Schule von Pont-Aven, der künstlerischen Heimat von Paul Gauguin, verhaftet ist. Sie löste malerische Probleme wie die Handhabung der zeichnerischen Linie, die ihre Künstlerfreunde Kandinsky und Münter erst während der gemeinsamen Sommermonate in Murnau in Angriff nahmen, und sie orientierte sich auch an Toulouse-Lautrec und Edvard Munch. Die mit Münter, Kandinsky und Jawlensky gemeinsam verbrachten Malwochen in Murnau führten zu einem Wendepunkt auch im Schaffen von Werefkin. Von der reizvollen Landschaft inspiriert, versuchte sie in ihren Bildern die Form aufzulösen und die Farbe in ihrer Leuchtkraft zu steigern. Sie alle lernten voneinander und diskutierten – insbesondere die theoriebegeisterten Werefkin und Kandinsky – die zeitgenössische Kunst sowie Fragen der Gestaltung. Im großen Arbeitsschwung der Murnauer Aufenthalte malte die Vierergemeinschaft den Ort und die Umgebung ebenso wie sich gegenseitig. 1909 entstand Münters berühmtes Bild des Künstlerpaars Jawlensky und Werefkin, beide auf einem leuchtend grünen Wiesenhang: Während der Maler lässig hingelagert liegt, der Gefährtin den Rücken zugewandt, sitzt Werefkin aufrecht neben ihm. Ein mächtiger blumengeschmückter Hut auf dem Kopf zeigt sie als Dame von Welt. Als fast Fünfzigjährige war Marianne Werefkin jetzt auf dem Höhepunkt ihrer künstlerischen Karriere.

Bei Ausbruch des Ersten Weltkriegs emigrierten Werefkin und Jawlensky – als russische Bürger ausgewiesen – von München in die Schweiz, wo sie zunächst am Genfer See in St. Prex Unterkunft fanden. Statt die Situation zu beklagen, malte die Künstlerin wie im Rausch und in Rückbesinnung auf die russische Heimat Bilder in Anlehnung an ihr Frühwerk: »Sie hat in drei Nächten hintereinander wieder ein *chef d'oeuvre* gemalt, das einem das Herz stockt. Soviel Kunstwerke, wirklich Ewiges, in so einer Bude ...«, schrieb Iwan Goll.

1917 übersiedelten Werefkin und Jawlensky nach Zürich, in das Zentrum der Dada-Bewegung. Sie trafen den Galeristen Han Corray, ihre langjährigen Freunde Hans Arp, Stefan Zweig und Hugo Ball. Kein Jahr später brachen sie nach Ascona auf, angelockt von der Künstlerkolonie auf dem legendären Monte Verità – und von einem preiswerteren Leben als in Zürich. Jawlensky hatte die Malerin Emmy Scheyer, Tochter aus wohlhabendem Haus und fünfundzwanzig Jahre jünger, zur Agentin seiner Kunst und damit kurzerhand zur Nachfolgerin Werefkins erkoren. In Ascona kam es nun zum endgültigen Bruch des komplizierten – vielleicht platonischen – Verhältnisses von Werefkin und Jawlensky, das beide mittlerweile über dreißig Jahre verband. Jawlensky teilte Marianne schriftlich die Trennung mit und heiratete 1922 Helene, Werefkins langjähriges Dienstmädchen, sein liebstes Modell und Mutter seines inzwischen zwanzigjährigen Sohnes. Marianne Werefkin konzentrierte alle Kräfte, um den Alltag in der Wahlheimat zu bewältigen, und betrachtete Ascona am Lago Maggiore als »einzigartigen Ort« für ein neues Zuhause – in sehr einfachen Verhältnissen und ohne Jawlensky, der mit seiner Familie nach Wiesbaden gezogen war.

Die »Baronessa« oder »Nonna«, wie sie von den Einheimischen genannt wurde, bereicherte hier das Kunstleben durch geistige Anregungen und Vermächtnisse wie seinerzeit in München. Dem gerade gegründeten Museo Comunale stiftete sie drei ihrer Bilder, außerdem Arbeiten von Paul Klee, Cuno Amiet und Arthur Segal aus ihrem Besitz – trotz ihrer miserablen finanziellen Lage. Vor größter Not bewahrten sie Carmen und Diego Hagmann, ihre Bilderkäufe halfen, Werefkins kleines Einkommen durch den Verkauf von Postkarten an Touristen aufzubessern. 1924 trat sie – an gemeinsamer Arbeit weiterhin interessiert – der Künstlergruppe »Der Große Bär« bei, die, nach dem gleichnamigen Sternbild benannt, Ausstellungen in der Schweiz und in Berlin organisierte.

Mit über sechzig Jahren lernte sie in Ascona »Santo« kennen, wie sie Ernst-Alfred Aye nannte. Ihrer späten Liebe zu dem Kaufmann und Sänger aus Berlin verdankte sie neue Impulse zu visionären Bildern in kräftigen, dunklen Farben. »... lauter so verrücktes Zeug«, das den konservativen Schweizern meist ebenso fremd erschien wie die exotisch anmutende Künstlerin selbst: Mit ihren abgetragenen Kleidern aus besseren Zeiten, dem eigenwilligen Kopfputz und den bunten, um den Hals geschlungenen Ketten war sie eine auffällige Erscheinung inmitten der Einheimischen und Touristen. Werefkin starb im Alter von achtundsiebzig Jahren in Ascona, wo heute im Museo Comunale d'Arte Moderna die größte Sammlung ihrer Werke aufbewahrt wird. Die Wiederentdeckung dieser großen Malerin leiteten Ausstellungen in den achtziger Jahren ein – wenige Jahre nach dem fünfzigsten Todestag der Künstlerin.

Anke Manigold

Gabriele Münter

1877–1962

»Es ist nun eingetreten, was Kandinsky mir schon früh prophezeit hatte, wenn ich als Frau immer zurückgesetzt und übersehen wurde, daß spät, aber sicher die allgemeine Anerkennung kommen werde.«

Er hat mein Talent geliebt, verstanden, geschützt und gefördert«, sagte Gabriele Münter über Wassily Kandinsky. Die Begegnung mit dem russischen Maler 1902 in München war der Auftakt zu einer künstlerischen Beziehung, die für beide die stärksten Jahre ihrer Schaffenszeit darstellte und zu einer Liebesbeziehung führte, die in Bitterkeit und Enttäuschung endete. Viele verbinden mit dem Namen Gabriele Münter das Genie Kandinsky, in dessen Schatten sie – aus mangelnder Selbstsicherheit und dem damaligen weiblichen Rollenverständnis – beinahe fünfzehn Jahre lebte. Gabriele Münter ist dennoch neben Paula Modersohn-Becker die große Künstlerin der deutschen Moderne nach 1900.

Gabriele Münter wurde 1877 in Berlin als Tochter des Zahnarztes Carl Friedrich Münter und seiner Ehefrau Wilhelmine geboren. Nach dem frühen Tod des Vaters im Jahr 1886, Gabriele war gerade neun Jahre alt, kümmerte sich ihr älterer Bruder Carl um die Angelegenheiten der Familie und um die zeichnerische Begabung seiner Schwester. Auf seine Fürsprache hin ging Gabriele im Frühjahr 1897 zum Kunststudium nach Düsseldorf. Sie lernte zunächst bei Ernst Bosch und später im Damenatelier von Willy Spatz. Als 1897 die Mutter starb, nahmen Gabriele und ihre Schwester eine Einladung ihrer Verwandten nach Amerika an und begaben sich im folgenden Jahr allein – für die Zeit sehr ungewöhnlich – auf eine zweijährige Reise durch Missouri, Arcansas und Texas.

Nach ihrer Rückkehr setzte Gabriele in München ihr Studium in der Malschule des »Künstlerinnenvereins« fort, bei Maximillian Dasio und später bei Angelo Jank. Nach einer zeichnerischen Ausbildung sollte Münter noch die Ölmalerei erlernen. Im Winter 1901/02 trat sie deshalb an der privaten Malschule Phalanx in die Malklasse von Wassily Kandinsky ein, der zu diesem Zeitpunkt bereits eine dominierende Rolle in der Münchner Avantgardeszene spielte.

Während eines gemeinsamen Malsommers im bayrischen Kochel 1902 kam es zu einer ersten Annäherung zwischen dem elf Jahre älteren Lehrer und seiner Schülerin. Sie verabredeten sich zu gemeinsamen Radausflügen durch Oberbayern. Im darauffolgenden Jahr, auf einer Sommerreise mit Kandinskys Phalanx-Klasse nach Kallmünz in die Oberpfalz, verwandelte sich das Lehrer-Studentin-Verhältnis in eine Romanze, und am Ende verlobten sie sich heimlich.

Gemeinsame Reisen führten sie durch Deutschland, Holland, Italien, die Schweiz und Frankreich. So konnten sie zusammen leben, obwohl Kandinsky noch nicht von seiner von ihm in Russland getrennt lebenden Ehefrau geschieden war. Münters Werk erfuhr in Paris viel Anerkennung, im Frühjahr 1907 wurden sechs Ölstudien im Salon des Artistes Indépendants aufgenommen – ein großer offizieller Erfolg.

Zurück in München, im Frühjahr 1908, beschlossen sie, in Murnau am Staffelsee den Sommer gemeinsam mit ihren russischen Freunden Marianne Werefkin und Alexej Jawlensky zu verbringen. Sie trafen im August ein und begannen ein neues künstlerisches Leben.

»Ich habe da nach einer kurzen Zeit der Qual einen großen Sprung gemacht – vom Naturabmalen – mehr oder weniger impressionistisch zum Fühlen eines Inhaltes – zum Abstrahieren, zum Geben eines Extraktes«, so Münter. Sie löste sich von impressionistischen Einflüssen, die ihre ersten Ölskizzen aus Kochel, Kallmünz und Paris noch kennzeichneten. In ihren Murnauer Ansichten von Bergwiesen, bunten Häusern und schnurgeraden Straßen im leuchtenden Licht des Alpenvorlands gab sie die kleinteilige Spachteltechnik zugunsten eines großzügigen Pinselduktus auf.

Beflügelt von den Fortschritten am Staffelsee, kaufte Gabriele Münter 1909 von ihrem Erbe ein neu gebautes Haus in der Murnauer Kottmüllerallee. Ein ländliches Refugium, in dem sich die beiden Großstädter – dem damaligen Standard entsprechend – ohne fließend Wasser und elektrischem Licht und mit den von Kandinsky selbst bemalten Möbeln häuslich einrichteten. Das »Russenhaus« wurde zum Treffpunkt der künstlerischen Avantgarde, unter anderem für Marianne Werefkin und Alexej Jawlensky, Franz und Maria Marc sowie August und Elisabeth Macke. Sie bildeten den Kern dieser Künstlergruppe, aus dem 1911 »Der Blaue Reiter«, eine der wichtigsten Künstlervereinigungen des beginnenden 20. Jahrhunderts, hervorging.

Gleichzeitig beschäftigte sich Münter mit der oberbayrischen Hinterglasmalerei, einem Handwerk, das in Murnau zu jener Zeit noch gepflegt wurde. »Ich war entzückt für die Technik u. wie schön das ging.« Die reizvolle Volkskunst mit ihrer Vereinfachung, den schwarz umzeichneten Naturformen und den klaren Farbflächen wies Münter den Weg zu einer prägnanten Bildaussage. Sie fasste nun ihre Motive in größere Flächen ohne Räumlichkeit und Perspektive zusammen, umzog die einzelnen Formen mit dunklen Konturen und malte in grellem Kolorit die Wege rot, die Berge dunkelblau und die Bäume quittegelb. Sie hatte die stilistische Entwicklung ihrer Kunst in der kurzen Zeit von nur knapp drei Jahren deutlich vorangetrieben. Ihre Bilder präsentierte sie im Kreis der Münchener Avantgarde, auf Ausstellungen der 1909 gegründeten »Neuen Künstlervereinigung München« und des »Blauen Reiters«.

Das Künstlerpaar lebte abwechselnd – getrennt oder gemeinsam – in Murnau und in München, wo sie mittendrin im Schwabinger Milieu in der Ainmillerstraße eine Wohnung im Gartenhaus bezogen hatten. In der Rolle der unehelichen Lebensgefährtin – damals skandalös – und der einer keineswegs unumstrittenen Malerin musste sie den Missbilligungen ihrer Umwelt standhalten. Zudem belasteten sie Geldsorgen und künstlerische Abhängigkeiten – Münter sah sich weiterhin als Studentin, die ihrem älteren Lehrer künstlerisch unterlegen war.

In getrübter Stimmung schrieb sie im Oktober 1912 an Kandinsky: »Dieser Tage war ich unruhig u. zu nichts fähig – wollte immer arbeiten – fand erstens keine Zeit u. zweitens, wenn Zeit, keine Energie.« Kandinsky ermunterte sie »... die stille Zeit auszunützen« und Klavier-

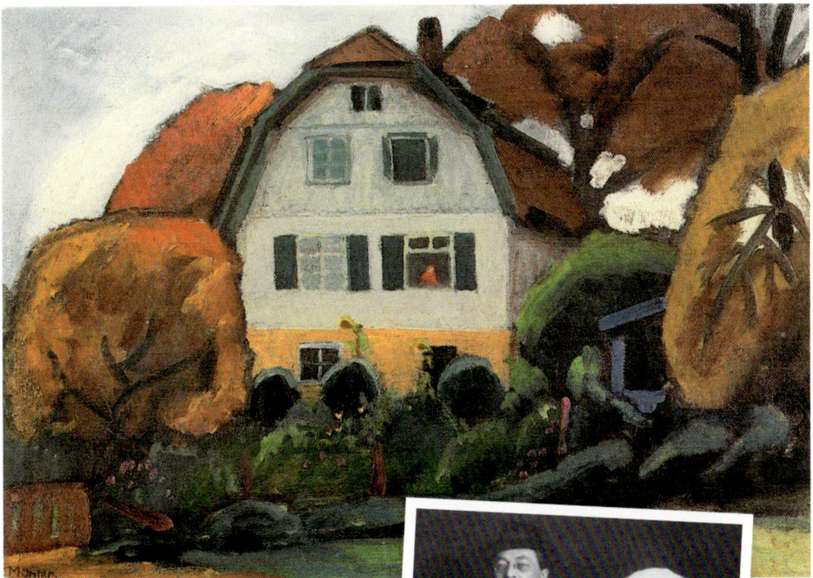

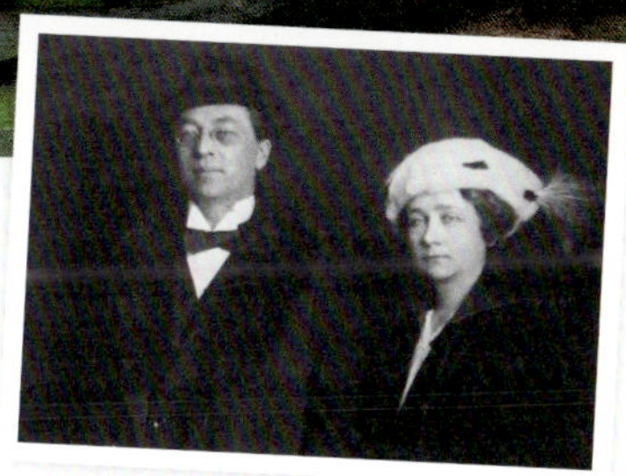

OBEN: *»Das Russen-Haus«*

RECHTS: *Das Künstlerpaar Wassily Kandinsky und Gabriele Münter*

stunden bei Frau Klee zu nehmen. Aber nicht Klavierstunden hellten ihre Stimmung auf, sondern eine große Einzelausstellung ihrer Bilder im Januar 1913, die ihr Herwarth Walden, Herausgeber der wichtigsten expressionistischen Zeitschrift *Der Sturm,* in seiner »Sturm-Galerie« in Berlin ausrichtete. Ein bemerkenswerter Erfolg für die »ungewöhnlich begabte Künstlerin«, so Kandinsky über seine nun sechsunddreißigjährige Lebensgefährtin in der *Vossischen Zeitung* vom 2. April 1913.

Zu Beginn des Ersten Weltkriegs musste Wassily Kandinsky als russischer Staatsbürger das feindliche Deutschland verlassen. Münter und Kandinsky emigrierten zunächst in die Schweiz. Das Paar trennte sich hier im November – Kandinsky kehrte in seine Heimatstadt Moskau zurück, Gabriele ging nach Schweden, um dort auf ihn zu warten. In Briefen kündigte er an, dass er allein lebe und diese Lebensform die richtige für ihn sei. Münter ahnte, dass Kandinsky in diesen Briefen auf eine konfliktscheue Art und Weise ihre seit Langem komplizierte Beziehung beenden wollte. In Stockholm trafen sie sich ein letztes Mal. 1917 heiratete der fünfzigjährige Kandinsky, inzwischen offiziell geschieden, die wesentlich jüngere Studentin Nina Andreewski.

Gabriele Münter blieb bis 1920 in Skandinavien. Zurück in Deutschland, war sie bald wieder eingebunden in dem vertrauten Freundes- und Künstlerkreis, traf Paul und Lily Klee sowie ihre alte Murnau-Gefährtin Marianne Werefkin in Ascona und beteiligte sich an Ausstellungen in München, Frankfurt und Berlin. Dennoch kämpfte sie weiterhin, gebrochen in ihrer Vitalität und in ihrer Schaffenskraft, um die notwendige Energie, den Alltag zu meistern, und sie führte auf der Flucht vor Einsamkeit ein rastloses, unstetes Leben. Über ihre Trennung von Kandinsky kam Münter erst hinweg, als sie 1927 auf einer Silvesterfeier in Berlin Johannes Eichner kennenlernte. Mit ihm, einem Kunsthistoriker und Privatgelehrten, sollte sie eine tiefe Freundschaft für die nächsten dreißig Jahre verbinden. Eichner motivierte sie zu einem künstlerischen Neubeginn – und in Murnau, wohin die Mittfünfzigerin nach langer Abwesenheit 1931 zurückgekehrt war, begann eine zweite große Schaffensphase.

»Eichner motivierte sie zu einem künstlerischen Neubeginn, und in Murnau begann ab 1931 eine zweite große Schaffensphase.«

Nach dem Zweiten Weltkrieg ehrte man die Künstlerin – endlich – auf Ausstellungen als eine Wegbereiterin der Moderne und eigenständige Vertreterin des Expressionismus. Als ihr 1956 der Kulturpreis der Stadt München für Malerei verliehen wurde, sagte sie: »Es ist nun eingetreten, was Kandinsky mir schon früh prophezeit hatte, wenn ich als Frau immer zurückgesetzt und übersehen wurde, dass spät, aber sicher die allgemeine Anerkennung kommen werde.« Gabriele Münter starb 1962, im Alter von fünfundachtzig Jahren, und zweiundzwanzig Jahre nach Wassily Kandinsky, im »Russenhaus« in Murnau. *Anke Manigold*

ZÜRICH

Die bildende Kunst erfuhr auch in der Schweiz um die Jahrhundertwende einen grundlegenden Wandel, wenngleich das Phänomen Künstlerkolonie weit weniger ausgeprägt war als in Deutschland und Österreich. Die Schweiz, in der das Mäzenatentum schon immer von großer Bedeutung war, verfügt über großartige Museen mit zahllosen Meisterwerken von Künstlern des Mittelalters bis zur Moderne, darüber hinaus existieren reiche Privatsammlungen in Basel, Zürich, Bern, Luzern und Winterthur. Das Kunstleben spielt sich traditionell in den größeren Städten ab, in Genf war die 1851 von Malern, Bildhauern und Musikern ins Leben gerufene Künstlerkolonie »Cercle des artistes« bis zur Jahrhundertwende tonangebend, ab 1890 gab es Nationale Kunstausstellungen, und 1902 gründeten Künstlerinnen in Lausanne die »Société des femmes peintres et sculpteurs«, in deren Ausstellungen später auch Art-Brut-Werke von Aloïse Corbaz gezeigt wurden.

Dennoch herrschte in der bergreichen Schweiz noch lange in der Kunst eine gewisse Geschlossenheit, und so gingen jene, denen es im Ländle zu eng wurde, häufig fort – vor allem nach Paris, wie Louise Breslau oder auch Clara von Rappard. Diese Mobilität führte dann auch dazu, dass im Ausland viele Künstler, zum Beispiel Arnold Böcklin oder Ferdinand Hodler, nicht mehr als Schweizer wahrgenommen wurden.

Als in der Vorkriegszeit immer mehr Emigranten in die neutrale Schweiz drängten, erhielten auch die einheimischen Künstler neue Impulse. Umso einflussreicher waren dann die Bewegungen, die dort ihren Anfang nahmen. Etwa »Le Falot« in Genf 1915 und vor allem der 1916 in Zürich entstandene Dadaismus. Dada war eine künstlerisch-literarische Bewegung, die konventionelle Kunst und Kunstformen genauso ablehnte wie bürgerliche Ideale – eine Revolte gegen die Kunst, gegen die Gesellschaft und ihr Wertesystem. Dada entstand als eine Art Ventil der Internationale der nach Zürich geflohenen europäischen

Intellektuellen und bildete zugleich deren kreativen Nährboden. Zu den Gründern der Bewegung gehörte Hans Arp, der Mann der Künstlerin Sophie Taeuber-Arp, und auch Marianne Werefkin geriet, nachdem sie in die Schweiz übersiedelt war, in den Bannkreis der Dada-Avantgarde. In den zwanziger Jahren führten Johannes Itten, Paul Klee und Max Bill ihrerseits einen engagierten Kampf gegen den Kunstkonservatismus im eigenen Land.

Eine weitere einflussreiche Schweizer Künstlerbewegung entstand 1924 in Ascona, auf dem Monte Verità. Der »Berg der Wahrheit« war seit dem Ende des 19. Jahrhunderts ein Eldorado für Revolutionäre und Utopisten aller Couleur, so für Alexej Jawlensky, Hans Arp und Sophie Taeuber-Arp, Paul Klee, Marianne Werefkin oder für Literaten wie Hugo Ball, Erich Maria Remarque, Gerhart Hauptmann, Hermann Hesse sowie die malende Dichterin Else Lasker-Schüler. In Ascona entstand auch die Künstlerbewegung »Der große Bär«.

Sophie Taeuber-Arp

1889–1943

»Pionierin der abstrakten Kunst ...«

Meine wichtigste Begegnung, absolut notwendig, weil nichts zufällig ist, war Sophie Taeuber«, sagte Hans Arp über seine Frau. Sophie, selbst avantgardistische Künstlerin, ordnete sich dem tonangebenden Künstler und Ehemann unter. Von außen betrachtet, erfüllte sie jenes Klischee, nach dem eine begabte Künstlerin ihr Werk selbstlos hinter das ihres berühmten Mannes stellte. Doch bei Sophie Taeuber-Arp und Hans Arp lag der Fall anders: Sie, Malerin und Tänzerin, besonnen und graziös; er, Maler und Bildhauer, spaßhaft und kraftvoll – hieß es –, ergaben ein Paar, dass sich achtundzwanzig Jahre lang im künstlerischen Dialog und in tiefer Verbundenheit zueinander hingezogen fühlte und sich auf ideale Weise ergänzte und bereicherte.

Die Schweizerin Sophie Taeuber wurde 1889 als Tochter des Apothekers Emil Taeuber und dessen Frau Sophie im Graubündener Davos geboren. Im Alter von siebzehn Jahren begann sie ein Zeichenstudium in St. Gallen, entschied sich aber bald für eine Ausbildung auf dem Gebiet der angewandten Kunst und wechselte nach München und später nach Hamburg. 1914 zog Sophie Taeuber nach Zürich und blieb – anders als die meisten ihrer Schweizer Künstlerkollegen, die vorzugsweise in Frankreich und Deutschland lebten und wirkten – zunächst in ihrem Heimatland. Hier malte die junge Künstlerin konventionelle Porträts und Stillleben, um sich ihren Lebensunterhalt zu sichern. Darüber hinaus fertigte sie kleine Perlbeutel, Seidentücher, Kissen, Stickereien und gewebte Bilder, mit der Gewissheit, dass kunsthandwerkliche Dinge, für die sie später in Ausstellungen prämiert wurde, den gleichen Stellenwert einnehmen wie die Malerei. Damit reagierte Sophie auch auf die sich vollziehende Reformbewegung in allen Bereichen der Kunst, die ausgelöst wurde durch die Ideen Henry van de Veldes, dessen Schriften sie begeisterten.

Sophie Taeuber und Hans Arp trafen sich 1915 in der Galerie Tanner, als Arp im Rahmen der Ausstellung »Moderne Wandteppiche, Stickereien, Malereien, Zeichnungen« abstrakte Werke, darunter auch Textilien, zeigte. Seine Arbeiten ermutigten Sophie, in ihrem Abenteuergeist weiterhin mit unterschiedlichen Materialien zu experimentieren, um sich über die Grenzen der angewandten Kunst hinwegzusetzen. Der gebürtige Elsässer war gerade aus Straßburg nach Zürich übersiedelt und in der internationalen Kunstwelt keine unbedeutende Figur: In Paris präsentierte er 1907 in der renommierten Galerie Bernheim-Jeune seine Bilder neben Werken von Henri Matisse, Paul Signac und Kees van Dongen. In München pflegte er Kontakt zu dem Künstlerkreis des »Blauen Reiters«, und in Berlin hatte er als Kunsthändler in der Expressionisten-Galerie »Der Sturm« von Herwarth Walden agiert.

Die sechsundzwanzigjährige Sophie Taeuber und der drei Jahre ältere Hans Arp verband wohl auf Anhieb eine künstlerische Haltung, die im Wesentlichen auf Ablehnung der traditionellen Malerei beruhte. Auch aus diesem Grund ließen sich beide 1916 in den Bannkreis von Dada ziehen, einer neuen Bewegung von Emigranten und Flüchtlingen, die der Absurdität des Lebens und dem Irrsinn des Ersten Weltkriegs Satire und grotesken Witz entgegensetzte. In der Züricher Künstlerkneipe »Cabaret Voltaire« gaben Hans Arp, Marcel Janco, Hugo Ball, Richard Huelsenbeck und Tristan Tzara Darbietungen eigener kabarettistischer Vorträge, Lesungen und Konzerte, die das bürgerliche Publikum nicht selten verstörten. Auf der Bühne des kleinen Saals, dessen Wände schwarz und die Decke blau gestrichen waren und in dem kaum mehr als fünfzig Zuschauer Platz fanden, tanzte Sophie in einem Kostüm, entworfen von Hans Arp, und, nach Versen von Hugo Ball, im Stil der modernen Ausdruckskunst. Ihre Leidenschaft gehörte dem Tanz. Sie besuchte Kurse an Rudolf Labans berühmter Schule für Bewegungskunst in Zürich, in der sie Mary Wigman und Berthe Trümpy begegnete, die wie sie bei den Soireen der Dadaisten auftraten.

1916 entstanden Sophie Taeubers erste abstrakt anmutende Aquarelle: Sie ordnete rechteckige und quadratische Felder in leuchtenden Farben senkrecht und waagerecht nebeneinander an und fand zu einer Bildsprache, wie sie gleichzeitig von Piet Mondrian in den

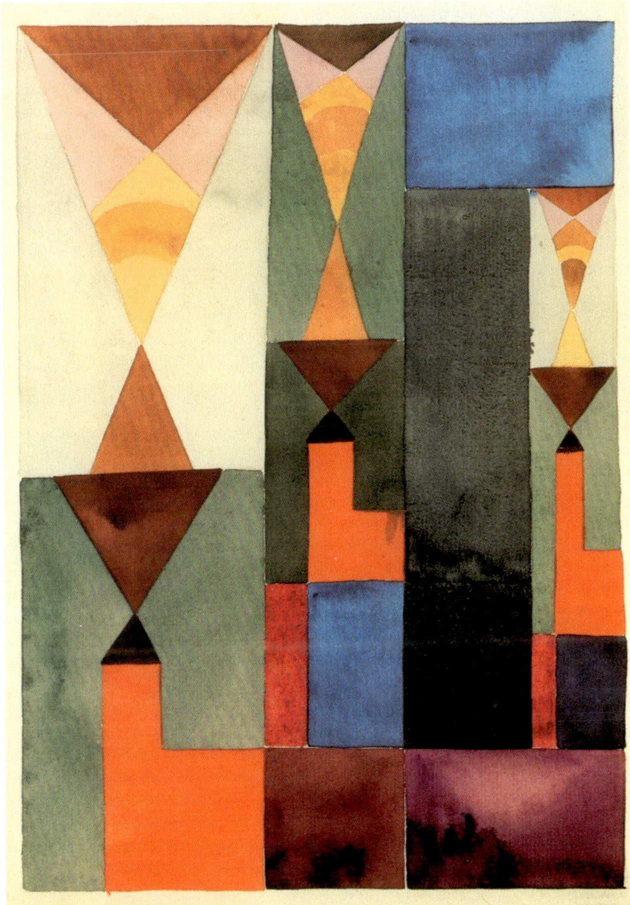

»Vertikal-horizontale Komposition mit Dreiecken«, 1918

Niederlanden und von Kasimir Malewitsch in Russland entwickelt wurde. Zwei Jahre später schuf sie eines der wichtigsten Werke ihrer Frühzeit: Das großformatige Triptychon *Vertikal-horizontale Komposition mit gegenseitigen Dreiecken,* heute in der Sammlung vom Kunsthaus Zürich, ist eine Art Hommage an die byzantinische Malerei, die in ihrer Klarheit, Flächigkeit und ihren symbolisch überhöhten Farben Sophie Taeubers eigener Bildauffassung nahekam.

Im Leben Sophie Taeuber-Arps – sie hatte Hans 1922 geheiratet – spielten immer auch befreundete Künstler eine große Rolle. Das Paar verbrachte die Sommer mit Max Ernst und Tristan Tzara in

Österreich, mit der Familie von Kurt Schwitters und mit Hannah Höch auf der Insel Rügen. Sie lernten Francis Picabia kennen und pflegten Beziehungen zur Avantgarde in Frankreich. Nachdem Hans Arp die Schweizer Staatsbürgerschaft verwehrt worden war, beschloss das Ehepaar 1925 nach Paris überzusiedeln. Im gleichen Jahr noch wurde Sophie als anerkannte Vertreterin des Kunsthandwerks zum Jurymitglied der »Exposition Internationale des Arts Decoratifs et Industriels« im Grand Palais berufen, einer der wichtigsten Ausstellungen für die Verbreitung des Art-Déco-Stils.

1927 wurde Sophie Taeuber-Arp mit der umfangreichen Aufgabe betraut, das berühmte »Aubette«, ein Stadtpalais aus dem 18. Jahrhundert an der Place Kléber im Zentrum von Straßburg, in einen mondänen Vergnügungspalast umzuwandeln. Die innenarchitektonische Ausgestaltung der unterschiedlich genutzten Räume – als Café und Restaurant, als Tanzlokal und Festsaal –, die sich über vier Stockwerke erstreckten, nahm die Künstlerin gut zwei Jahre in Beschlag. Unterstützt wurde sie bei der Arbeit von Hans Arp und dem holländischen De-Stijl-Künstler Theo van Doesburg. Der Auftrag verschaffte ihr genügend finanzielle Unabhängigkeit, um ihre Lehrtätigkeit an der Kunstgewerbeschule in Zürich, derer sie lange schon überdrüssig war, nach dreizehn Jahren aufgeben zu können. Gemeinsam mit Hans Arp verlagerte sie ihren Lebensmittelpunkt nach Frankreich: In Meudon bei Paris ließ sie sich von dem Straßburger Honorar ein nach ihren Plänen entworfenes Haus bauen, einen modernen Kubus aus grau-gelb changierendem Naturstein, in der Form reduziert wie ihre Kunst. In Meudon war es auch, wo sie sich – beide mittlerweile französische Staatsbürger – schnell in der Pariser Kunstszene der zwanziger Jahre etablierten, wo der Impuls zur Abstraktion in der Luft lag. In Paris fanden beide einen Weg, Seite an Seite unabhängig voneinander zu arbeiten, wobei jeder – nicht ohne gegenseitige Unterstützung – seine künstlerische Identität individuell weiterentwickelte. Während Hans, der sich jetzt ganz französisch Jean nannte, auch zum Kreis der Surrealisten um Max Ernst und André Breton gehörte, knüpfte Sophie durch Vermittlung ihrer Freunde Theo van Doesburg und Michel Seuphor Kontakt zur nicht gegenständlichen Künstlergruppe »Cercle et Carré«, an deren Ausstellungen sie regelmäßig teilnahm. 1931 wurde sie – so wie Antoine Pevsner, Naum Gabo und Robert Delaunay – Mitglied der »Abstraction-Création«, einer wichtigen Vereinigung für die Durchsetzung der ungegenständlichen Kunst. In dieser inspirierenden Atmosphäre verfestigte sie Bild für Bild ihren geometrischen Stil, den sie in die Abstraktion führte. Der Kreis, den Sophie als eine kosmische Metapher sah, in der alle geometrischen Formen enthalten sind, wurde gewissermaßen zum Markenzeichen ihres Werks, mit dem sie einen wesentlichen Beitrag zur abstrakten Bewegung in der Kunst im 20. Jahrhundert beisteuerte.

In den folgenden Jahren arbeitete Sophie Teauber-Arp – vielseitig wie sie war – als erfolgreiche Malerin, Kunstgewerblerin und Innenarchitektin. Sie beteiligte sich an Ausstellungen in London, Paris, Zürich, Basel und in Bern, und sie war Mitbegründerin, Redakteurin und Layouterin der internationalen Kunstzeitschrift *Plastique*.

Die immense Schaffenskraft von Sophie wurde während des Zweiten Weltkriegs abrupt unterbrochen. 1941 verließ das Ehepaar Arp auf der Flucht vor dem Einmarsch der deutschen Besatzungstruppen Paris und gelangte in das südfranzösische Grasse. Sie fanden Quartier im »Château folie«, das nun häufig zum Motiv von Sophies Zeichnungen wurde. Als sich ihre Hoffnungen auf Visa für eine Emigration in die USA zerschlugen, zogen die Arps zurück ins neutrale Zürich. Hier, im Haus von Max Bill, ereignete sich 1943 der tragische Unfall: Die Künstlerin hatte den Abend damit verbracht, Lithografien zu signieren, und wollte sich nur einen Moment lang ausruhen: Im Schlaf erstickte sie an den Gasen eines defekten Kohleofens in ihrem Zimmer – Sophie Taeuber-Arp wurde nur vierundfünfzig Jahre alt.

Hans Arp konnte den Schmerz über den Verlust bis zu seinem Tod im Jahr 1966 kaum überwinden. Nach seiner Rückkehr in das gemeinsame Haus in Meudon begann er, die Spuren ihres umfangreichen künstlerischen Œuvres, »von der Größe und dem Reichtum ihres Lebenswerks tief bewegt«, zu sichten, zu ordnen und ihre Arbeiten in Ausstellungen zu präsentieren – 1954 im Berner Kunstmuseum und 1964 in Paris, im Musée national d'art moderne. Sie bewahrten Sophie Taeuber-Arp vor der Vergessenheit. Heute gilt die Künstlerin für die Schweiz als Pionierin der abstrakten Kunst.

Anke Manigold

Clara von Rappard

1857–1912

»Fräulein von Rappard hat sich mit diesen Bildern unter den ersten unserer Künstler ihren Platz erkämpft.«

Wer sucht hinter jenem prachtvollen, im grössten Stil gemalten Bramanen-Bild eine Damenhand? Wer wagt es noch, von der Inferiorität des Weibes zu sprechen, wenn er die kühnen Pinselstriche betrachtet, mit denen jene lebensgrosse geflügelte Frauenfigur auf die Leinwand gebannt wurde ... Fräulein von Rappard hat sich mit diesen Bildern unter den ersten unserer Künstler ihren Platz erkämpft ...« Das fulminante Lob eines zeitgenössischen Kritikers zu ihrer Einzelausstellung im Berner Kunstmuseum 1896 feierte Clara von Rappard als eine der männlichen Konkurrenz ebenbürtige Künstlerin. Zu Recht. Clara von Rappard, die sich seit ihrer Jugend einer professionellen Künstlerkarriere verschrieben hatte und ihre Bilder zu Ausstellungen nach Paris, London und Chicago schickte, war zu diesem Zeitpunkt eine Malerin mit internationalem Ruf, und sie galt als die bedeutendste Malerin der Schweiz.

Clara von Rappard, 1857 in Wabern bei Bern geboren, wuchs in einem geistig-kulturell anregenden Umfeld auf. Ihr Vater, der linksliberale Jurist Konrad von Rappard, war als politisch Verfolgter nach der gescheiterten Revolution 1848 aus Deutschland in die Schweiz geflohen. Zusammen mit seiner aus Mecklenburg stammenden Ehefrau Albertine fand er hier eine neue Existenz. Er gründete in Wabern ein Institut für Mikroskopie, engagierte sich für die Dampfschifffahrt im Berner Oberland und zog deutsche und schweizerische Wissenschaftler, Künstler und Unternehmer in sein Haus in Interlaken. Claras Eltern legten großen Wert auf eine umfassende Ausbildung ihres einzigen Kindes und gaben ihr – der Vater in Naturwissenschaften und Literatur, die Mutter in Philosophie und Kunst – häuslichen Unterricht. Außerdem musizierte Clara, schrieb Tagebücher und zeichnete. »Früh begann ich meine Studien; denn ich war kaum drei Jahre alt, als ich meinem Hund, der mir viel klüger schien als ich, einen Bleistift in die Pfote drückte und peremtorisch von ihm verlangte, sich selbst und ein Haus für mich zu malen, was er aber knurrend verweigerte.«

Die Wintermonate der Jahre 1869 bis 1873 verbrachte die Familie häufig in Italien, wo die Mutter ihre Tochter an die Kunst der Antike und der Renaissance heranführte und dem mittlerweile hoch motivierten jungen Mädchen vor Ort Privatstunden erteilen ließ: In Florenz übte sich die Sechzehnjährige im Atelier von Anna Susanna Fries, einer mehrfach ausgezeichneten Malerin, im Kopieren, Figurenzeichnen und sogar Aktzeichnen nach dem lebenden Modell – das Aktzeichnen war für Frauen in Deutschland ausgeschlossen. In der Schweiz, wo es damals keine Kunstakademien gab, war es üblich, eine künstlerische Ausbildung im Ausland zu absolvieren. So stimmten die ambitionierten Eltern ihre Reisepläne auf das Kunststudium der Tochter ab: In Hannover erhielt Clara im Atelier des angesehenen Porträt- und Historienmalers Friedrich von Kaulbach eine Ausbildung nach akademischem Maß, und in Berlin, wohin sie im Winter 1875/76 wechselte, verlieh ihr Carl Gussow in seiner privaten Damenklasse den letzten Schliff in der Bildniskunst.

Unter Gussows täglicher, über fünfstündiger Anleitung machte Clara rasch Fortschritte. Bereits am 11. Juni 1876 notierte sie: »Zum letzten Mal im Atelier! Adio mein Liebes! Adio! Ich vollendete zu aller Zufriedenheit meinen Major und gab meinen Collegen ein Abschiedsfrühstück mit Bier ...« Zurück in Interlaken, widmete sich Clara – gerade neunzehn Jahre alt – der Bildnismalerei. Mit Erfolg. Vermutlich auf Werbung ihres Vaters und dank des intensiven gesellschaftlichen Lebens, das die Familie in ihrer »Villa Rugen« pflegte, mangelte es Clara nicht an Porträtaufträgen, die sie – im Sinne ihres Lehrers – betont realistisch ausführte. In dieser Zeit entstanden Freundschaften zu Lili Wach, der jüngsten Tochter von Felix Mendelssohn-Bartholdy, zu Clara Schumann und Adolf von Menzel.

1885 zog es die Künstlerin nach Paris: Sie erlebte die französische Moderne, die Künstler Puvis de Chavannes und Suzanne Valadon, »... und ebenso großen Eindruck machten die grossen Ausstellungen auf mich, vor allem der Pariser Salon, der mir plötzlich vollends zeigte, was ich in der Stille selbständig erstrebt hatte; denn es interessiert mich vor allem bei der Durchführung die Wirkung des Lichtes und der Atmosphäre«. Zur Freilichtmalerei hatte die ausgebildete Porträtistin vermutlich unter dem impressionistischen Einfluss von Adolf von Menzel gefunden, der als Freund der Familie Clara jahrelang in allen Fragen zu malerischen Problemen zur Seite stand. Ihre Freilichtmalerei sollte sie später über die Grenzen der Schweiz hinaus bekannt machen.

»Ebenso großen Eindruck machten die grossen Ausstellungen auf mich, vor allem der Pariser Salon, der mir plötzlich vollends zeigte, was ich in der Stille selbständig erstrebt hatte.«

Die Möglichkeit, draußen in der Natur zu malen, war Malerinnen bürgerlicher Herkunft am Ende des 19. Jahrhunderts nur in Begleitung vergönnt. Clara von Rappard hatte die Chance, in dem weitläufigen Park der elterlichen »Villa Rugen« ungestört und zu jeder Zeit unter freiem Himmel zu arbeiten, mit Blick auf das Gebirgspanorama des Berner Oberlands. Oft beobachtete sie den gewaltigen Jungfraugipfel im Wechselspiel von Licht, Luft und Farbe. Das Ölbild Die *Jungfrau im Nebel*, das 1888 als Teil einer Reihe von Ansichten entstand, schickte sie erfolgreich auf Ausstellungen in London und Chicago. Es veranschaulicht die Begeisterung der Künstlerin für die atmosphärischen Erscheinungen der erhabenen Bergwelt. Ihre moderne Sehweise, die sie von der herkömmlichen, die bedrohende Naturgewalt schildernde Gebirgsmalerei zeitgenössischer Kollegen unterschied, entwickelte sie vermutlich unter dem Eindruck der englischen Landschaftsmaler, vor allem William Turners, dessen Bilder sie wahrscheinlich einige Jahre zuvor während einer London-Reise gesehen hatte.

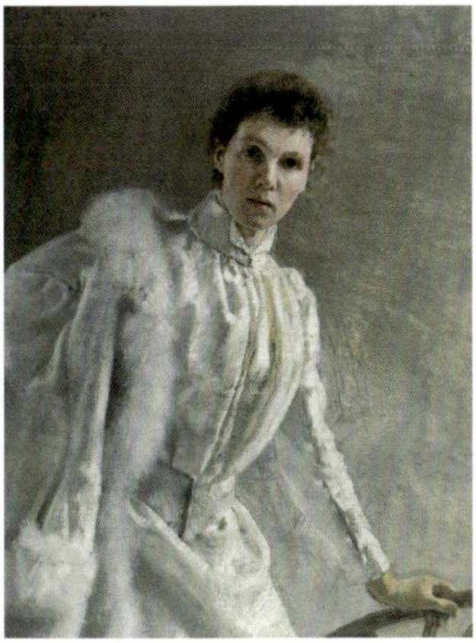 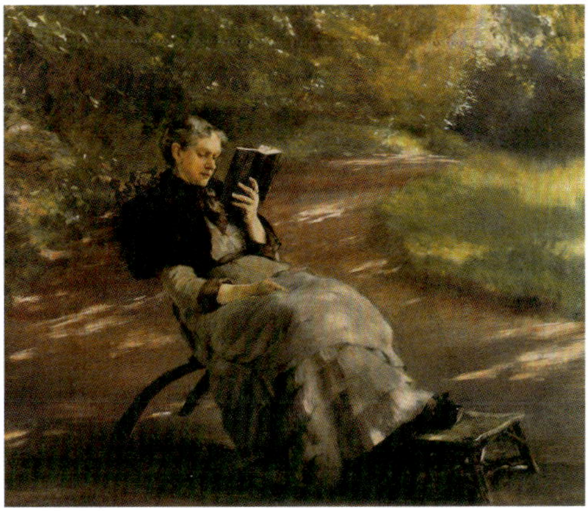

In Anlehnung an die Kunst der französischen Moderne malte Clara von Rappard im Freien auch Figurenbilder, die von Freundinnen und von ihrer Familie erzählen. Das Gemälde *Albertine von Rappard im Rugenpark* zeigt die Mutter in ihre Lektüre vertieft. Die Malweise – Schatten hatte Clara in Farbflecke verwandelt und rostrote Farbtupfer als Sonnenflecken über die Bildfläche tanzen lassen – erinnert an die heiteren Parkszenen von Berthe Morisot.

Auf dem Höhepunkt ihrer Karriere entstand 1890 ein Selbstporträt, das sie in eleganter Kleidung und selbstbewusster Pose zeigt. Dennoch liegt in ihren Gesichtszügen ein Hauch von Zweifel und innerer Anstrengung. »Es ist eben für uns (Frauen) schwierig in der Welt«, sagte sie gemünzt auf die Erfahrungen, die sie im Laufe der Jahre als Künstlerin und als gesundheitlich angegriffene Frau gesammelt hatte. Sie war mit Anfang dreißig an Multipler Sklerose erkrankt. Ungeachtet der körperlichen Schwäche, reiste sie quer durch Europa, schuf Landschaften, Porträts, Grafiken, Zeichnungen und Wandgemälde, beschickte Ausstellungen in England, Deutschland, Frankreich, der Schweiz und den USA und arbeitete von Ehrgeiz und Unruhe gepackt fieberhaft an einer Veränderung ihrer künstlerischen Bildsprache.

Nachdem Clara von Rappard pleinairistische Figuren und Landschaften gemalt und Ende der 1880erJahre in München bei dem Bild-

LINKS: *»Selbstporträt«, 1890* RECHTS: *»Albertine von Rappard im Rugenpark«, 1880*

hauer Johann Christoph Roth noch ausgiebig Anatomiezeichnung studiert hatte, versuchte sie sich, angeregt durch Arnold Böcklin, in fantastischen Bildern. Den Schweizer Maler symbolistischer Szenen und bekennenden Kritiker der Realisten und Pleinairisten besuchte sie mehrfach in seinem Haus nahe Zürich: »Vormittags wieder zu Böcklin. Fasste mir gestern ein Herz und frug ihn, ob ich ihm meine Arbeiten zeigen könne (vor allem die *Seele*).« Die Arbeit *Seele*, vielleicht eine frühe Fassung des später von der Presse gefeierten Bildes *Bramane*, fand bei Böcklin Anklang.

Das letzte Lebensjahrzehnt war überschattet von der Krankheit der Künstlerin – ihre Arbeit musste die vielseitig Begabte häufig unterbrechen. Die Zwangspausen nutzte sie, um sich für die Durchsetzung der Interessen gering geschätzter Künstlerinnen in Deutschland und in der Schweiz einzusetzen. 1898 wurde sie Mitglied des »Berliner Künstlerinnenvereins« und 1909 unterstützte sie die Gründung der Berner Sektion innerhalb des »Schweizer Künstlerinnenverbands«. In den Jahren nach 1900 weilte Clara von Rappard regelmäßig zu Kuraufenthalten in Montreux am Genfer See, wo eine letzte produktive Zeit begann: Sie malte, vielleicht Sicherheit im vertrauten Stil suchend, pleinairistische Bergansichten, bevor sie im Winter 1912 im Victoria Spital in Bern starb.

1999 gedachte man in einer Ausstellung im Museum Schloss Jegenstorf bei Bern des künstlerischen Werks von Clara von Rappard und erinnerte an ihre Bedeutung in der Geschichte der beginnenden Schweizer Moderne.

Anke Manigold

»... es interessiert mich vor allem ... die Wirkung des Lichtes und der Atmosphäre.«

Louise Breslau

1856–1927

»Die erfolgreichste Schweizer Malerin ihrer Zeit – oder die ›bedeutendste Malerin der Welt‹?«

Diese Kanaille, die Breslau, hat etwas komponiert: Am Montagmorgen oder die Wahl eines Modells. Es ist sehr korrekt gemacht; die Perspektive ist gut, auch die Ähnlichkeit und alles Übrige. Wenn man etwas Derartiges machen kann, wird man eine große Künstlerin werden. Ihr ahnt's, nicht wahr? Ich bin eifersüchtig. Ganz gut so. Das spornt an.« Die, die ihrem Tagebuch diese Gedanken über Louise Breslau, »diese Kanaille«, anvertraute, war keine Geringere als Marie Bashkirtseff, eine der ganz Großen ihres Fachs und Idol vieler Malerinnen um 1900. Die Anerkennung, das Lob für Korrektheit, Perspektive, Ähnlichkeit »und alles Übrige«, das Marie der Kollegin Breslau zollte, es kam also aus sehr berufenem Munde. Obendrein sollte sich die Russin, die sich da so charmant zu ihrer Eifersucht bekannte, als Prophetin erweisen. Louise Breslau wurde eine große Künstlerin – die erfolgreichste Schweizer Malerin ihrer Zeit –, der Schriftsteller Frank Wedekind hielt sie 1892 sogar für die »bedeutendste Malerin der Welt«.

Das erste Bild, das Louise Breslau 1879 in Paris ausstellte, war das Porträt des Dichters Henry Davison. Die Künstlerin zeigte den jungen Engländer als lässig-eleganten Dandy, fast so, als hätte Oscar Wilde, der damals erste Erfolge als Dichter feierte, schon die schriftstellerische und gesellschaftliche Präsenz als Ideal und führender Vertreter des Ästhetizismus erreicht, die er wenige Jahre später erlangt haben würde. Edgar Degas, einer der führenden Impressionisten, war von Breslaus Darstellung des jungen Gentlemans so beeindruckt, dass er der jungen Künstlerin seine Bewunderung aussprach. Louise Breslau fühlte sich von der modernen Kunstströmung des Impressionismus angezogen, bewahrte sich aber ihre Eigenständigkeit und Unabhängigkeit. Sie hielt am Realismus fest, den sie jedoch um impressionistische Elemente bereicherte. Noch vor der Jahrhundertwende hatte sich die in der Schweiz aufgewachsene Malerin zu einer bekannten und viel beschäftigten *femme peintre* von europäischem Rang entwickelt, deren Kunst der von Kolleginnen wie Rosa Bonheur oder Mary Cassatt nicht nachstand.

Louise Breslau kam 1856 in München zur Welt. Zwei Jahre später wurde ihr Vater, ein bedeutender Gynäkologe, als Professor an die Universität von Zürich berufen. Louise, die Älteste, interessierte sich für Literatur und Philosophie und entwickelte, ihres Asthma-Leidens wegen häufig ans Bett gefesselt, ein außergewöhnliches Interesse für das Zeichnen. Da ihr in der Schweiz ein Akademiestudium nicht offenstand, entschloss sie sich Mitte der siebziger Jahre und nach erstem Unterricht an der Malschule des Künstlers Eduard Pfyffer in Zürich, nach Paris zu gehen. Louise Breslau besuchte von 1874 bis 1876, anderen Quellen zufolge 1876 bis 1878, die berühmte Académie Julian, wo sie von Monsieur Rodolphe Julian und dem Historienmaler Tony Robert-Fleury eine gründliche Ausbildung erhielt. Mit zwei Freundinnen mietete sie sich eine Wohnung am Stadtrand. Das Gemälde *Portrait des amis* von Louise Breslau zeigt die Freundinnen: die italienische Musikerin Maria Feller und die Kollegin Sophie Schaeppi, die, in der Mitte des Bildes sitzend, an einer Skizze arbeitet. Einen Winter lang war auch Sarah Purser eine der Mitbewohnerinnen – und blieb lebenslang mit der Züricher Künstlerin befreundet.

»Haben Sie sich noch nie klargemacht, dass das Leben für die Männer gemacht ist?«

Bereits 1881 wurde Louise Cathérine Breslau, wie sie sich nun ein wenig französischer zu nennen begann, für ihr sensationell erfolgreiches Freundinnen-Bild ausgezeichnet, der Pariser Kunsthändler Martinet nahm sie unter Vertrag, der Verleger Georges Charpentier publizierte in *La vie moderne* ihre Werke, und eine Illustrierte beauftragte sie mit einer Porträtserie berühmter Frauen. Regelmäßig beteiligte Louise sich an internationalen Ausstellungen, beschickte ab 1890 beispielsweise

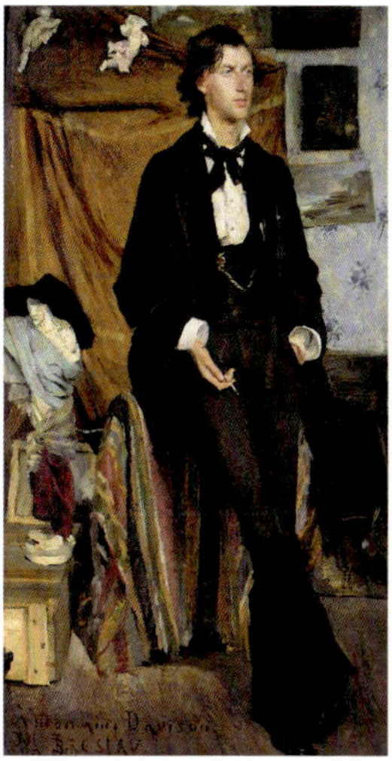

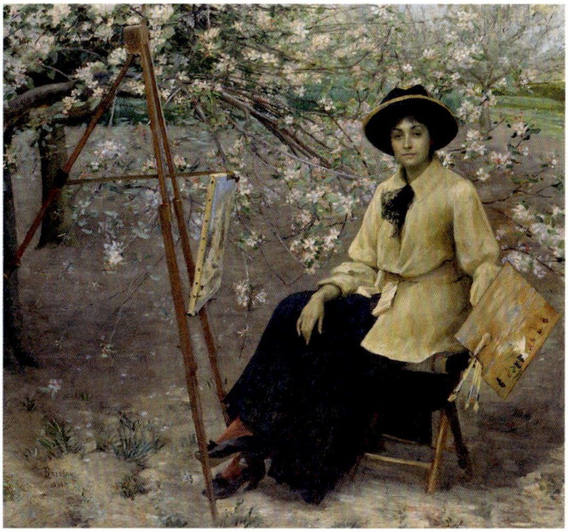

die Nationalen Kunstausstellungen der Schweiz. Sie erhielt zahlreiche Auszeichnungen und war Gründungsmitglied der Société Nationale des Beaux-Arts. Im Jahr 1900 erhielt sie auf der Weltausstellung in Paris zusammen mit dem großen Schweizer Maler Ferdinand Hodler die Goldmedaille. 1893 gehörte sie neben der Malerin Madeleine Lemaire als erste Frau der Pariser Salon-Jury an. Und Frankreich ernannte Breslau 1901 als erste ausländische Künstlerin zum »Chevalier de la Légion d'honneur«. Trotz ihres immensen Erfolges empfand Breslau ihren beruflichen Weg dennoch als sehr steinig. Zwar hätte sie immer, wenn sie sich an einen »wahrhaft bedeutenden Meister gewandt« habe, einen Freund gefunden, »der sich für meine Arbeit interessiert«, aber wenn sie zu Beginn ihrer Ausbildung den Mut aufgebracht hatte, ihren Lehrmeister etwas zu fragen, habe der ihr geantwortet: »Haben Sie sich noch nie klargemacht, dass das Leben für die Männer gemacht ist? Aber lassen Sie sich nicht entmutigen ...«

Um niederländische Malerei zu studieren, reiste Louise Breslau nach Holland und Belgien, weitere Reisen führten sie in die Normandie und die Bretagne. Sie porträtierte ihren schwedischen Malerkollegen Ernst Josephson, Mitglied der Künstlergruppe »Die Opponenten«,

LINKS: *»Portrait of Henry Davison«, 1880* RECHTS: *»Unter den Apfelbäumen«, 1886*

zu der auch Carl Larsson und der Dichter August Strindberg gehörten. Auch andere bedeutende Künstler und Schriftsteller haben der gefragten Porträtistin Modell gesessen. Ihre Modelle zeigte sie oft in Gedanken vertieft, melancholisch. Ihre Vorliebe galt dem Bildnis von Frauen und Kindern, ein Interesse, das sie etwa mit Paula Modersohn-Becker teilte. Doch anders als die in der ländlichen Abgeschiedenheit Worpswedes arbeitende Paula schuf Louise, ähnlich wie ihre Berliner Kolleginnen Julie Wolfthorn und Augusta von Zitzewitz, zumeist Porträts von jungen Damen und Kindern der höheren gesellschaftlichen Schichten, in deren Salons sie selbst verkehrte. Bezeichnend für Louise Breslaus sehr eigenen und bei ihren vielen Auftraggebern aus den Kreisen der Pariser Bourgeoisie beliebten Malstil ist ein Selbstporträt, auf dem die junge Künstlerin sich selbstbewusst und sehr weiblich-elegant mit Pelz-Pelerine am Fenster stehend darstellt, den Blick fest auf das gerichtet, was sich in der Ferne draußen auftun mag. In ihrem Selbstbildnis von 1900 zeigte sie sich auf dem Höhepunkt ihrer Karriere. Desgleichen belegt das 1882 entstandene Doppelporträt von ihrer Schwester Henriette von Stockar und deren Sohn Armin Breslaus künstlerische Nähe zum Impressionismus, etwa durch das flimmernde Grün des Bildhintergrundes, das aus unendlich vielen hingetupften Einzelblättern besteht, die optisch zu einer lichtdurchfluteten Masse zusammenwachsen. Helles Sonnenlicht scheint von den Baumstämmen zu rieseln, verwandelt die Hängematte in ein farbiges Strahlenbündel und bildet auf dem violetten Kleid der Frauenfigur ein Funkenwerk aus glitzernden Reflexen. Die Figuren aber, ihre Gesichter – das gilt auch für ihr Selbstbildnis – malte Breslau nicht impressionistisch, sondern realistisch und fast streng objektiv. Doch gerade dieses Zusammenspiel unterschiedlicher Malweisen für Figur und Hintergrund entsprach Louise Breslaus Verständnis von Porträtkunst und macht ihren Stil aus: Den einen Menschen zeigen, und dabei doch über das Abbilden tatsächlicher Äußerlichkeiten hinausgehen.

Während des Ersten Weltkrieges malte sie eine Porträtfolge von französischen Soldaten und Rotkreuzschwestern. Doch zu Beginn der zwanziger Jahre versiegte die künstlerische Produktivität der nun über Sechzigjährigen allmählich, wenngleich eine Einzelausstellung von

1921 weitere Aufträge bewirkte. Louise Breslau distanzierte sich von der Avantgardekunst und zog sich aus der Öffentlichkeit zurück. Ein Jahr nach der Retrospektive 1926 starb Louise Breslau in ihrem Landhaus bei Neuilly. Zu Lebzeiten schon als geniale Malerin von der Kritik gefeiert, mit ihren Arbeiten – insgesamt waren es rund 800 – in zahlreichen europäischen Museen vertreten, hatte sie zu Beginn des Jahrhunderts ihre größten Erfolge gefeiert. Nach ihrem Tod aber – und den darauffolgenden Gedächtnisausstellungen 1928 in Paris sowie 1929 in Genf und Zürich – geriet die Künstlerin in Vergessenheit.

Aus Anlass ihres 50. Todestages hatte das kleine Schweizer »Historische Museum im Landvogteischloss« 1977 in Baden, wo Louise Breslau begraben liegt, den Mut, Louise Breslaus Werk erstmals nach Jahrzehnten wieder auszustellen. Danach begann das Interesse an Louise Breslau wieder zu wachsen. So zeigte etwa das Musée des Beaux Arts in Dijon im Winter 2005/06 Zeichnungen und Gemälde von Louise Breslau, darunter Porträts, Kinderszenen und Bilder von Künstlerkollegen. Zeit ihres Lebens fühlte Louise Breslau sich von ihrer Wahlheimat Frankreich geschätzt, von ihrer Schweizer Heimat hingegen verkannt – es hätte sie sicher gefreut zu wissen, dass es schließlich Schweizer Ausstellungen waren, die sich um ihr Werk und dessen Wiederentdeckung verdient gemacht haben. *Katja Behling*

WIEN

Im Prater lustwandelten ungarische Husaren, böhmische Köchinnen, jüdische Händler aus den Kronländern, waschechte Wiener Madln, adlige Herrschaften und allerlei Kaffeehaus-Bohemiens – Wien um 1900 war das Herz eines Vielvölkerstaats, in dem unterschiedlichste Kulturen miteinander verschmolzen. Das Kaiserreich und seine Metropole erlebten ihre letzte Blütezeit vor dem Untergang. Von beinahe unlösbaren politischen und sozialen Problemen bedrängt, trug die Donaumonarchie um die Jahrhundertwende alle Vorzeichen der Selbstauflösung und des beginnenden Verfalls in sich – und damit den Beginn einer neuen Ära. Das Nebeneinander von Tradition und Moderne, von Weltbürgertum und Provinzialismus machte aus Wien eines der wichtigsten Laboratorien für fortschrittliche Ideen. Diese kreisten um den Fokus einer Kultur der »Entgrenzung«, für die moralisch-wissenschaftliche als auch ästhetisch-künstlerische Aspekte von epochemachender Bedeutung waren. Politiker, Forscher, Philosophen, Architekten, Schriftsteller, Musiker und Maler brachen um 1900 mehr oder weniger freiwillig mit überkommenen Sichtweisen aus dem 19. Jahrhundert. Freud, Mahler, Schnitzler, Klimt und Kokoschka – als der Wildeste unter den Wilden Wiens – stehen für die intellektuelle und künstlerische Elite Wiens, für ein schöpferisches Klima und eine atemberaubende Fülle an Ideen in der Stadt, die um 1900 das Zentrum europäischer Geistesgeschichte war. Gustav Mahler prägte das Musikleben des Fin de Siècle und bewegte eine ganze Generation junger Komponisten, Arthur Schnitzer gehörte zu den Literaten, die erfüllt waren von der Problematik des Einzelnen in einer zerfallenen, sich neu orientierenden Gesellschaft, und Sigmund Freud entdeckte und entwickelte mit der Psychoanalyse eine neue Sicht auf die Seele des Menschen – wohl kein Denker um 1900 hat kulturell solch tiefe Spuren hinterlassen wie dieser, auch und gerade in der Kunst.

Auch die Wiener Maler bewegten sich um 1900 zwischen Apokalypse und Krisenbewusstsein, Revolte und Rückzug, Tradition und Moderne. Getragen von der Idee eines radikalen Aufbruchs, entstand 1897 die »Wiener Secession«, in deren Werken die Suche nach neuer Orientierung einen visuellen Ausdruck fand. Die Gruppe verstand sich als eine Gegenbewegung zum »Wiener Künstlerhaus«, dem Verein der ältesten Künstlervereinigung Österreichs und Richtschnur der traditionellen Kunstszene. An der Spitze der Secession stand Gustav Klimt, Hauptvertreter der Wiener Jugendstilmalerei. Klimt beeinflusste seinerseits Künstler wie Egon Schiele und Oskar Kokoschka. Auch die Malerin Broncia Koller stand unter Klimts Einfluss – und ihrerseits mit der Wiener Geisteselite von Freud bis Mahler in gesellschaftlichem Kontakt. Die gebürtige Österreicherin Tina Blau begann ihre Karriere ebenfalls in Wien, Helene Funke indes zog es erst ab 1913 in die Stadt – als der Untergang des Habsburger Reichs unmittelbar bevorstand.

Die sehr unterschiedlichen Lebensläufe und Werke der Künstlerinnen eint indes, dass der Wiener Esprit des Fin de Siècle darin auf die eine oder andere Weise seine Spuren hinterlassen hat.

Broncia Koller

1863–1934

»Mein Werk ist wichtiger – man darf nicht durch Ärger sich schwächen.«

Broncia Koller war nicht nur eine Malerin von europäischem Rang, sie war auch eine bedeutende Mäzenin, Sammlerin und geistreiche Gastgeberin. Nach ihrem erfolgreichen Debüt in Wien 1888 beschickte Broncia Koller, geborene Pinell, insgesamt etwa fünfzig Ausstellungen mit ihren Bildern. Als einzige Frau saß sie im Café Museum im Kreise der großen Kollegen Gustav Klimt, Koloman Moser, Otto Wagner und Edvard Munch, und spätestens ab 1902 war Gustav Klimt, der große Wiener Jugendstilmaler, die künstlerische Bezugsperson der Koller.

Broncia Koller stammte aus einer jüdischen Ingenieursfamilie und wurde als Bronislawa Pineles 1863 in Sanok, Galizien, geboren. Um 1870 zog ihr Vater Saul mit Frau Klara und fünf Kindern nach Wien und gründete einen Textilbetrieb zur Herstellung von Pferdedecken. Tochter Broncia, wie sie genannt wurde, entschied sich schon früh für den Beruf der Malerin. Ersten Zeichenunterricht erhielt sie 1881 vom Bildhauer Josef Raab. Nach dessen frühem Tod stellte sie sich mit einem kleinen Ölbild Professor Leopold Carl Müller vor, der die Privatschülerin dem Lehrer Alois Delug empfahl. Ihr Talent war außergewöhnlich und sprach sich herum. So erwähnte Sigmund Freud, der Broncias Eltern kannte und ab 1884 mehrfach besuchte, die junge Künstlerin und »ihre Malerei« in einem seiner Briefe. Von Broncia schrieb er 1886, sie sehe schlecht aus, aber interessant, mit ständig wechselndem Gesichtsausdruck, sie rede viel, lauter originelle Dinge, die zeigen, dass sie scharf beobachte. Sie sei bestimmt ein begabtes Mädchen, so der spätere Psychoanalytiker. Auch Freuds spätere Frau Martha Bernays und Freuds Schwestern waren mit der Familie Pinell bekannt, vermutlich aus enger Wiener Nachbarschaft.

1888 zeigte die junge Künstlerin, die sich seit 1881 »Broncia Pinell« nannte, ihre Werke bei der »Internationalen Kunstausstellung« in Wien erstmals der Öffentlichkeit. Sie beeindruckte besonders mit ihren Porträts. Durch diesen Erfolg bestärkt, ging Broncia nach München und besuchte dort zwei Jahre lang die private Mal- und Zeichenschule von Ludwig Herterich. Nach dem Abschluss ihrer Studien richtete sie sich 1890 in Wien ein Atelier ein. Dort malte sie vor allem Porträts in Öl, etwa das der Wiener Frauenrechtlerin Julie Schlesinger. Ihr heute als verschollen geltendes Genrebild *Adagio*, das 1892 entstandene Bildnis einer Geigerin und ihres Zuhörers, stieß auf gewaltige Resonanz in den Medien – und soll, wie Broncia Kollers Sohn Rupert Koller später behauptete, in den Besitz Sigmund Freuds übergegangen sein. Im Jahr 1893 nahm die Erfolgsmalerin an der »II. Münchner Jahresausstellung von Werken aller Nationen« im dortigen Glaspalast teil. Sogar in Chicago wurden Broncia Pinells Arbeiten gezeigt.

Die talentierte Malerin aus gutem Hause wurde zum begehrten Gast in den Wiener Salons und fand Anschluss an den musischen Kreis der »Brucknerianer«. Während einer Soiree im Hause des Komponisten Hugo Wolf begegnete Broncia um 1890 dem Elektrochemiker Dr. med. et phil. Hugo Koller, den sie 1896 heiratete. Koller, Sohn eines bedeutenden Augenarztes, war als studierter Mediziner und Chef eines großen österreichischen Industriekonzerns nicht nur sehr wohlhabend, er begeisterte sich auch in hohem Maße für Musik, Malerei und Kunst, einschließlich der seiner Frau. So waren Broncia Koller, und das unterscheidet sie von vielen anderen Künstlerinnen ihrer Zeit, im Hinblick auf die Verwirklichung ihrer künstlerischen Vorstellungen nicht jene engen Grenzen gesetzt, gegen die andere anzugehen hatten. Erfolg war für sie nur bedingt von Wichtigkeit, zumal der materielle. Sie versuchte nicht, den Verkauf ihrer Bilder zu forcieren, ihr genügte die Anerkennung der Kollegen. Auch deswegen verknappte sie die Auflage ihrer umso exklusiveren Werkstücke. Kollers bemerkenswerte, farbige Holzschnitte, die ab 1907 vermehrt entstanden – darunter weibliche Aktdarstellungen –, wurden oft nur als Einzelexemplar gedruckt, nicht in Serie.

Bedingt durch einen beruflichen Wechsel Hugo Kollers, lebte das Ehepaar ab 1898 in Nürnberg; 1899 präsentierte Broncia ihre Werke

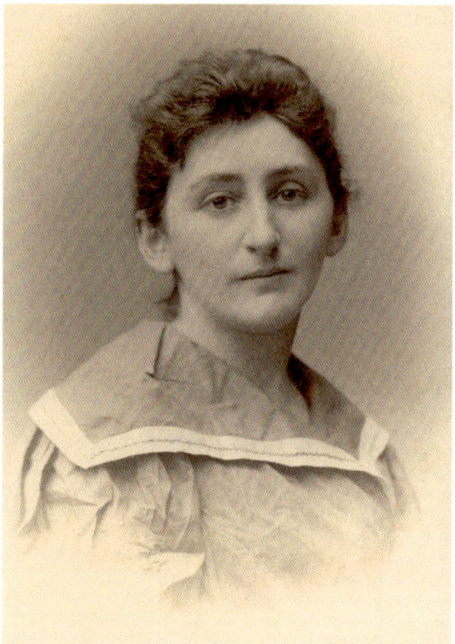 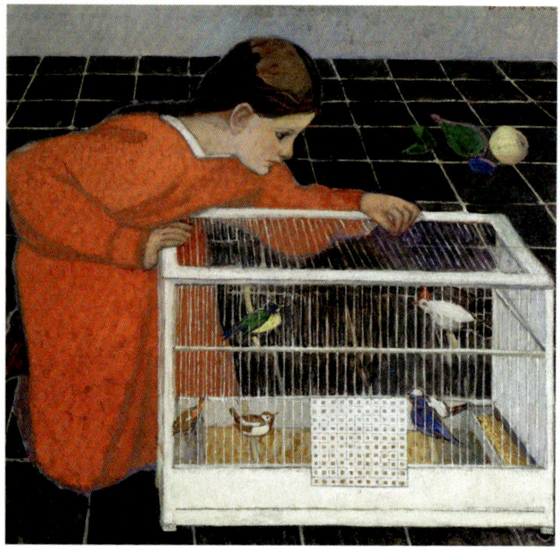

mit Erfolg im dortigen »Albrecht-Dürer-Verein«. Im Jahr darauf, dem Jahrhundertwendejahr, begann sie ihre Werke als »Broncia Pinell Koller« und »Broncia Koller« zu signieren. 1902 zurück in Wien, wo Hugo Koller nun Direktor des Siemens-Schuckert-Konzerns wurde, verkehrte wieder »tout Wien« im Haus des Paares, sowohl im Wiener Stadtdomizil als auch auf dem Landsitz in Oberwaltersdorf. Dieses von Broncias Eltern übernommene Gutshaus im Grünen südlich von Wien, das das Ehepaar nach den Plänen des Begründers der Wiener Werkstätte Josef Hoffmann hatte umbauen lassen, war Treffpunkt vieler Künstler und Intellektueller Wiens. Sigmund Freud berichtete seiner damaligen Verlobten Martha Bernays einmal von einem solchen Tag in Oberwaltersdorf. Es sei eine große, gemischte Gesellschaft gewesen, man habe zusammengesessen, gegessen, getrunken, Karten gespielt, gekegelt und musiziert. Auch die Maler Egon Schiele und Gustav Klimt, die Künstlermuse Alma Mahler, die Schriftstellerin und Psychoanalytikerin Lou Andreas-Salomé, der Autor Hermann Broch, die Frauenrechtlerin Rosa Mayreder und viele andere Persönlichkeiten gehörten zum Freundeskreis des Ehepaares. Alma Mahlers Tochter Anna betonte später, dass sie die Kollers, vor allem Broncia, so interessant und anziehend fand, dass sie deswegen 1920 mit kaum siebzehn Jahren deren Sohn Rupert

LINKS: *Broncia Koller, vor 1890* RECHTS: *»Silvia Koller mit Vogelkäfig«, um 1907/08*

Koller geheiratet habe. Als die Hals über Kopf geschlossene Ehe mit dem acht Jahre älteren Dirigenten nach wenigen Monaten scheiterte, flüchtete Anna sich nach Berlin – und studierte, ihr Vorbild vor Augen, an der Kunstakademie in Charlottenburg Malerei. Das Porträt, das Broncia Koller von ihrer zeitweiligen Schwiegertochter Anna um 1920 malte, gehört zu ihren bekanntesten Bildern.

Auf ihrem Landsitz konnte Broncia aber auch fern von Einflüssen und Beeinflussung arbeiten. Für sie war Malerei Arbeit an einem ästhetischen Problem. Auch wenn ihr Schaffen unter günstigen äußeren Bedingungen möglich war, sind ihre Figuren von einem schwermütigen Ernst bestimmt. Auch ihre Selbstporträts haben nichts Unbeschwertes, Heiteres. Innerlich gefangen, wohl auch getrieben vom dumpfen Gefühl, einem Unheil entgegenzugehen – zumal in der Zeit vor dem Krieg –, offenbaren die Bilder rätselhafte innere Fesseln. Ein wiederkehrendes Motiv um 1905 sind Käfige: Mal beobachtet ein Mädchen – Broncias 1898 geborene Tochter Silvia – einen gefangenen Wellensittich im Vogelbauer, mal sitzt eine junge Frau davor.

1908 wurde sie Mitglied der »Kunstschau-Gruppe«, die sich unter der Ägide von Klimt von der Secession abspaltete. Der Krieg bedeutete eine scharfe Zäsur auch in ihrem Schaffen. Ab 1914 reiste Broncia mit ihrem Mann nach Italien, in die Schweiz, nach Paris, Berlin, wobei sie sich intensiv mit den damaligen Kunstströmungen auseinandersetzte. Und wenngleich der Ausbruch des Kriegs ihre Arbeit vorübergehend gelähmt hatte, erstreckte sich Broncia Kollers künstlerische Entwicklung als eine der wenigen über die gesamte Epoche der Wiener Moderne. Zuletzt lebte sie zurückgezogen, und als sie 1934 in Oberwaltersdorf starb, war nicht nur die Bedeutung, die Wien zwischen 1890 und 1918 für die europäische Kunst hatte, längst Geschichte, sondern auch die Kunst Broncia Kollers in Vergessenheit geraten.

Wiederentdeckt wurde sie in den sechziger Jahren, als die Kunst der Jahrhundertwende neue Wertschätzung erfuhr. Broncia Kollers hohen kunstgeschichtlichen Rang hob ein Festival in der Neuen Galerie der Stadt Linz im Herbst 1983 hervor, wo Künstlerinnen vorgestellt wurden, die, wie es hieß, international die Entwicklung von Frauenkunst maßgeblich mitbestimmt haben. *Katja Behling*

Tina Blau

1845–1916

»In großer Menge wurden Bestellungen an Wiener Künstler ... vergeben, meiner hat man nicht gedacht.«

Tina Blau war eine Einzelkämpferin, die sich jenseits der den männlichen Kollegen vorbehaltenen Salonkunst bewegte. Ihre Liebe galt der Darstellung der Landschaft in all ihren Facetten. Geboren wurde Tina Blau 1845 in Wien als Tochter des Arztes Simon Blau und seiner Ehefrau Theresia. Der Vater erkannte und förderte Tinas Talent und unterstützte sie in jeder Hinsicht. Nach der Schulzeit entschied sie sich für ein Studium bei August Schaeffer, der die Sechzehnjährige ermutigte, jenseits der akademischen Tradition, direkt vor der Natur zu studieren. Sie unternahm Studienreisen nach Mähren und Siebenbürgen. Wenige Jahre später, 1869, ermöglichte der Vater ihr einen mehrmonatigen Studienaufenthalt in München, damals neben Paris das Mekka der jungen Kunststudenten. Tina trat in das Atelier von Wilhelm Lindenschmit ein, und es folgte eine erfüllte Zeit, in der sie als junge Künstlerin Anerkennung fand und sich in die Methoden der Freilichtmalerei vertiefte. Von ersten Bildverkäufen finanzierte sie sich Reisen nach Holland und in das bei österreichischen Landschaftsmalern sehr beliebte ungarische Szolnok.

1875 bezog Tina Blau ein Atelier im Wiener Prater, das sie sich zunächst mit dem Landschaftsmaler Emil Jakob Schindler teilte. Im Jahr 1882 malte sie eines ihrer schönsten Bilder, *Frühling im Prater*. Von der Jury zunächst abgewiesen, wurde es auf Fürsprache von Hans Makart, einer maßgeblichen Figur im Wiener Kunstleben, doch auf der Wiener Jahresausstellung gezeigt. Die frische Farbigkeit und der gesteigerte Realismus in dieser durch Staffagefiguren belebten Parklandschaft erregte Aufsehen. *Frühling im Prater*, das ein Jahr später in Paris gezeigt

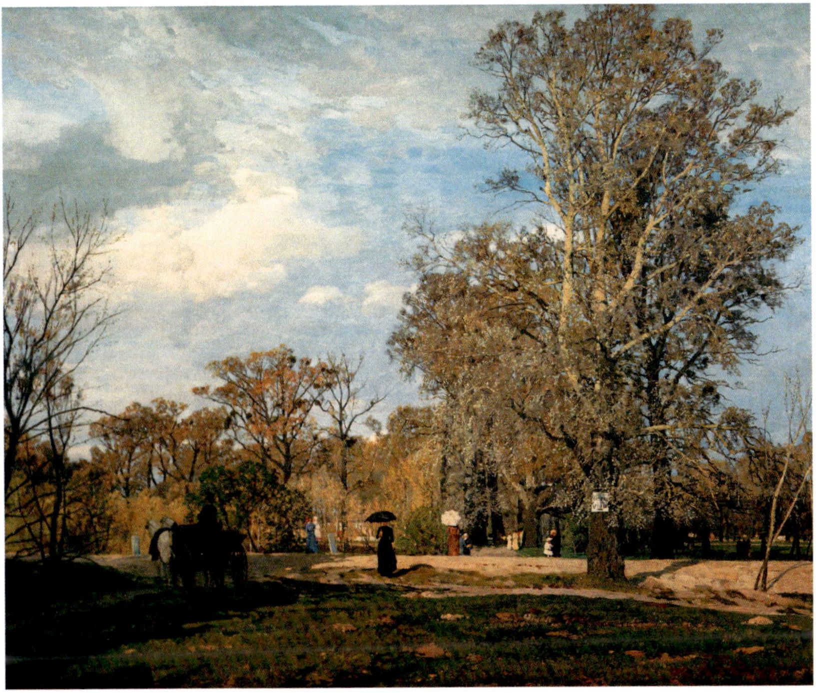

und prämiert wurde, gilt mittlerweile als ein Hauptwerk Tina Blaus und befindet sich in der Österreichischen Galerie Belvedere in Wien. 1883 heiratete Tina Blau den Maler historischer Szenen Heinrich Lang. Das Paar lebte in München, doch kehrte Tina Blau nach dem frühen Tod ihres Mannes 1891 ins Herz des habsburgischen Kaiserreichs zurück. Zur Aufbesserung des Lebensunterhalts arbeitete sie von 1898 bis 1915 als Lehrerin.

Obwohl Tina Blau sich als Malerin durchgesetzt hatte, auf den wichtigen Ausstellungen – 1883 auch auf dem Pariser Salon – vertreten war, blieb sie im Schatten ihrer männlichen Kollegen, etwa von Hans Makart und Gustav Klimt. Erst heute, aus der Distanz von gut einhundert Jahren, erfährt Tina Blau die angemessene Wertschätzung als eine der wichtigsten Landschaftsmalerinnen in Österreich um 1900.

Anke Manigold

»Apriltag im Prater«, 1889

Helene Funke

1869–1957

»Ich bin eben selbst ein einsamer ›Steppenwolf‹.«

Der Kunstkritiker Hans Ankwicz-Kleehoven schrieb 1928: »Helene Funkes Arbeiten haben ein wahres Feuerwerk abgebrannt, dessen pointillistischer Sprühregen sich in gleicher Weise über figurale Kompositionen, Portraits oder Landschaften zu größeren Formen verdichtet. Man mag diese etwas aufdringliche Technik manieriert nennen, in jedem Fall ist sie persönlich und von größter Lebendigkeit, zwei Eigenschaften, die gerade bei Frauen nicht allzu häufig sind.«

Bis zu dieser Anerkennung ihrer künstlerischen Leistung war es für Helene Funke ein weiter Weg, musste die 1869 in Chemnitz geborene Malerin doch zu Beginn ihrer Laufbahn herbe Kritik von männlichen Kunstkritikern einstecken. Der Wiener Arthur Roessler urteilte über ihre Arbeit, dass die »von Frauenhand mit der Spachtel maurermäßig derb hingestrichenen Bilder [sind] ein Gräuel« seien, sein konservativer Kollege Adalbert F. Seligmann sprach – in Anspielung auf den damals noch umstrittenen Maler Vincent van Gogh – von einer »Vangoghiade«.

Ab 1899 hatte Helen Funke als bereits dreißigjährige Tochter eines wohl situierten Kaufmanns allen familiären Widerständen zum Trotz an der Damenakademie in München bei Friedrich Fehr und – ein Klassenfoto zeigt sie mit Gabriele Münter – bei Angelo Jank ihre Ausbildung absolviert. Daran schloss sich eine Weiterbildung bei den »Wilden« in Paris an. Ab etwa 1906 arbeitete Helene Funke vor allem in Paris sowie in der Bretagne und in Südfrankreich. Ihre bis 1910 geschaffenen Werke zeugen von einer Auseinandersetzung mit der zeitgenössischen französischen Kunst, etwa der von Henri Matisse.

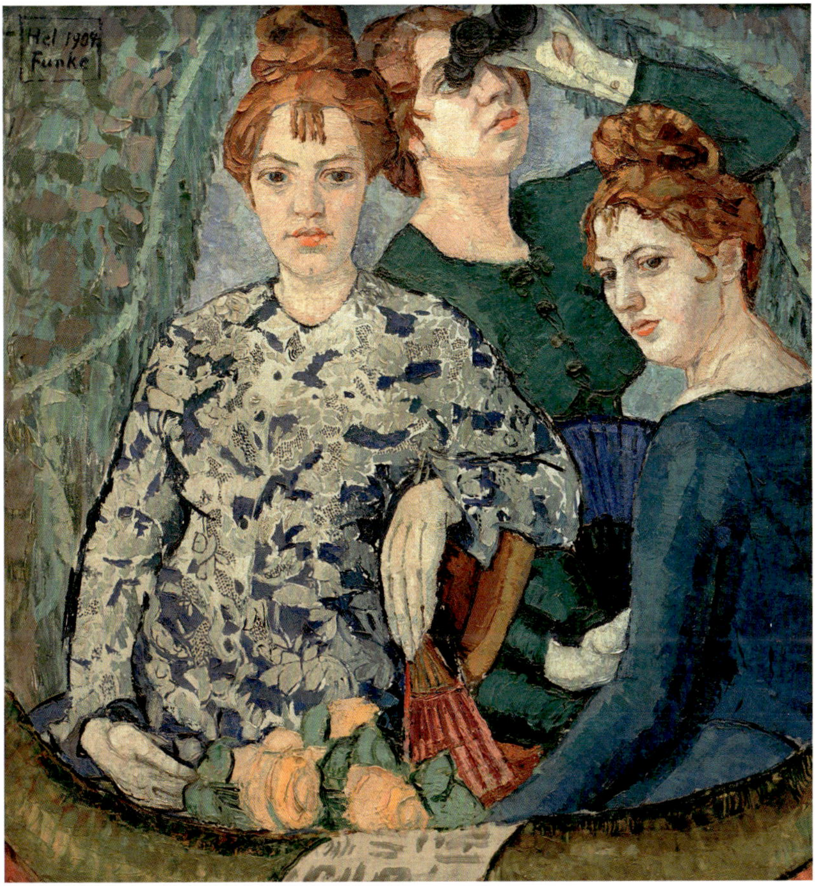

Eines der erhaltenen frühen und zugleich das vielleicht bekannteste Gemälde von Helene Funke ist *In der Loge*. Vor ihr hatten sich sowohl der Franzose Auguste Renoir als auch die amerikanische Impressionistin Mary Cassatt – diese gleich mehrfach – dem Sujet »Theaterloge« gewidmet. Einem halböffentlichen Ort also, an dem Frauen am Kulturleben teilhaben konnten und auch Gelegenheit zum Kontakt und zum Flirt mit Männern hatten. Im Gegensatz zur zarten Pinselführung und Farbgebung Renoirs und Cassatts malte Funke ihre »Loge« flächiger und verwendete kräftige und reinere Farben –

»In der Loge«, Lentos Kunstmuseum Linz

eine Malweise, die mehr mit dem fauvistischen Stil von Matisse gemein hat als mit dem des Impressionismus. In Paris wagte sich Funke, die sich zeitlebens in Künstlerinnenvereinigungen engagierte und mit den aufkommenden Emanzipationsbestrebungen auseinandersetzte, an die Aktzeichnung – für Malerinnen in Deutschland damals noch ein Tabu. Es waren ungeschönte und betont unerotische Bilder – etwa eine Prostituierte, die mit teilnahmsloser Miene auf Kundschaft wartet. Neuem gegenüber sehr aufgeschlossen, verkehrte Funke im Kreis der Avantgardisten. Der gesellige Salon der in Paris lebenden amerikanischen Schriftstellerin und Kunstmäzenin Gertrude Stein inspirierte Helene Funke persönlich wie künstlerisch.

1913 beschloss die Mittvierzigerin, ihrem Leben eine neue Richtung zu geben. Sie ließ die fauvistische Phase hinter sich – und zog nach Wien. In den zwanziger Jahren machte sie dort mit ihren »Musik«-Bildern von sich reden. Kunstkenner engagierten sich für Helene Funke, und ihre Bilder fanden international in privaten und teils auch öffentlichen Sammlungen Platz. Dennoch zog sich die Künstlerin immer mehr zurück, schlug sich später mehr schlecht als recht mit Auftragsarbeiten durch. Im Dezember 1944 schrieb sie in einem Brief an den mit ihr befreundeten Schriftsteller Hermann Hesse von ihrem Alleinsein und begründete, warum sie seinen Roman *Der Steppenwolf* so schätze: »Ich bin eben selbst ein einsamer ›Steppenwolf‹.« Helene Funke starb im Alter von achtundachtzig Jahren vergessen und verarmt in ihrer Wohnung in Wien. Viele ihrer Werke und nahezu alle ihre persönlichen Unterlagen gelten als verschollen oder sind infolge von Bombenangriffen vernichtet.

Vor wenigen Jahren begann die Kunstwelt, sich wieder für Helene Funke zu interessieren. Fünfzig Jahre nach ihrem Tod zeigte das Kunstmuseum Linz 2007 eine erste Retrospektive dieser »Klassikerin der Moderne« und gewährte so Einblicke in das bislang verborgene Schaffen einer der interessantesten Malerinnen der ersten Hälfte des 20. Jahrhunderts.

Katja Behling

NIRGENDWO ZU HAUSE

»Immer fand ich den Namen falsch, den man
uns gab: Emigranten. Das heißt doch Auswanderer.
Aber wir wanderten doch nicht aus,
nach freiem Entschluss, wählend ein anderes Land.
Wanderten wir doch auch nicht ein in ein
Land, dort zu bleiben, womöglich für immer.
Sondern wir flohen.
Vertriebene sind wir, Verbannte.«

BERTOLT BRECHT

Zur Zeit des Nationalsozialismus waren nicht nur Juden und Gegner des faschistischen Staates zur Emigration gezwungen, der NS-Vernichtungsangriff galt darüber hinaus der künstlerischen Moderne und den Protagonisten aller Sparten der Kultur. Vielen – jüdischen und nicht jüdischen – Künstlern entzogen die Nationalsozialisten durch Arbeitsverbote jede Grundlage ihres Schaffens, und nur wenige Jahre nach der Machtübernahme der Nationalsozialisten kam es zu einer beispiellosen kulturellen »Säuberungsaktion«: In München wurde im Juli 1937 die Wanderausstellung »Entartete Kunst« eröffnet. Sie zeigte rund sechshundertfünfzig konfiszierte Kunstwerke aus mehr als dreißig deutschen Museen.

Als »entartete Kunst« galten im NS-Regime alle Kunstwerke und kulturellen Strömungen, die mit dem Kunstverständnis und dem Schönheitsideal der Nationalsozialisten nicht in Einklang zu bringen waren: Expressionismus, Impressionismus, Dadaismus, Neue Sachlichkeit, Surrealismus, Kubismus oder Fauvismus. Als »entartet« galten die Werke vieler großer Künstler der Moderne, darunter die von Ernst Ludwig Kirchner, Max Ernst, Karl Schmidt-Rottluff, Max Pechstein,

Paul Klee, Max Beckmann – und auch Anita Rée und Paula Modersohn-Becker. Indem die »entarteten« Exponate mit Zeichnungen von geistig Behinderten gleichgesetzt wurden, führten die Initiatoren den Kunstbegriff der avantgardistischen Moderne ad absurdum und verunglimpften die moderne Kunst als degeneriert, als Verfallserscheinung menschlichen Geistes.

Repressalien gab es auf allen Ebenen. Von Künstlergruppierungen wie der avantgardistischen »Hamburgischen Secession« erzwangen die Nazis die Selbstauflösung. Jüdische Künstler wurden als »artfremdes Mitglied« aus der Künstlerschaft ausgeschlossen und damit ihrer bisherigen Verortung beraubt; die Aufnahme in die Reichskulturkammer war ihnen verwehrt. Dies kam einem Berufsverbot gleich, denn nur deren Mitglieder durften künstlerisch tätig sein und ihre Werke in Ausstellungen präsentieren. Marie-Louise von Motesiczky ist nur ein Beispiel vieler, die gezwungenermaßen den Weg ins Exil wählten – um den Preis, »nirgendwo mehr zu Hause« zu sein. Ihre Karriere begann in Wien, doch nach dem »Anschluss« Österreichs musste sie als Jüdin emigrieren; sie feierte in Großbritannien große Erfolge, bevor man sich auf dem Kontinent ihrer besann.

Auch Else Lasker-Schüler, die 1945 in Jerusalem starb, war 1933 aus Deutschland geflohen, verstoßen aus ihrer geografischen wie geistigen Heimat – der Welt der Kunst.

Marie-Louise von Motesiczky

1906–1996

»Meine Sehnsucht ist es, schöne Bilder zu malen, dadurch glücklich zu werden und andere Menschen glücklich zu machen.«

Bis vor wenigen Jahren – und vielleicht noch heute – war Anna, die Wiener Großmutter von Marie-Louise von Motesiczky, bekannter als die Künstlerin selbst: Als »Cäcilie M.«, eine der ersten Patientinnen von Sigmund Freud auf seinem Weg zur Psychoanalyse, ging Baroness Anna von Lieben in die Geschichte ein. In einem Brief von 1897 nannte Freud seine Analysandin mit dem Decknamen Cäcilie einen seiner interessantesten Hysteriefälle, seine »Lehrmeisterin«, seine »Hauptklientin«, seine »Primadonna«. Sie war reich, intelligent, sensibel, literarisch gebildet, residierte im Palais Todesco und gehörte einem großen Kreis hervorragender österreichisch-jüdischer Intellektueller, Künstler, Wissenschaftler und Bankiers an, zu dem auch Robert von Lieben, Erfinder der Radioröhre, und der Philosoph Franz von Brentano zählten.

In dieses aristokratisch-großbürgerliche und avantgardistische Milieu wurde 1906 Marie-Louise von Motesiczky als Tochter Henriette von Liebens und Edmund von Motesiczkys geboren. Ihr Vater, ein Cellist, der noch mit Johannes Brahms musiziert hatte, verstarb, als sie drei Jahre alt war. Mit dreizehn Jahren verließ Marie-Louise die Schule. Als Sechzehnjährige nahm sie in Den Haag bei der tschechischen Malerin Carola Machatka Malstunden und war beeindruckt von den dortigen Museen, den großartigen Gemälden Vermeers und van Goghs; mit achtzehn ging sie nach Paris und besuchte eine Akademie am Montparnasse. Erste dort entstandene Ölbilder zeugen vom Eindruck Cézannes. In den zwanziger Jahren studierte Motesiczky dann

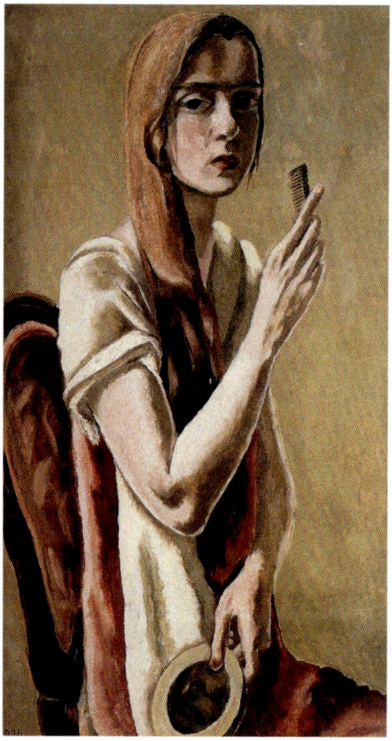

an der Städelschule in Frankfurt am Main. Hier traf sie 1927/28 auf Max Beckmann, den sie bereits als Vierzehnjährige als Gast der Familie kennengelernt hatte. Beckmann übte fortan großen künstlerischen Einfluss auf sie aus, wurde ihr Mentor und lebenslanger Freund. Ihre Ausdrucksmittel entwickelte sie stetig weiter, sie setzte die Farbe pastös auf, vereinfachte und konturierte die Formen, reduzierte die Binnenzeichnung auf das Wesentliche – Beckmanns expressionistischer Technik sehr ähnlich.

Am Tag nach dem Einmarsch der Nationalsozialisten im März 1938 floh die Künstlerin mit ihrer Mutter aus Wien zunächst nach Holland – dort hatte die Dreiunddreißigjährige 1939 ihre erste Ausstellung. Über London erreichte sie den englischen Ort Amersham, wo sie bis 1945 lebte. Nach Kriegsende ließ sich Marie-Louise von Motesiczky in London-Hampstead nieder. Neben vielen anderen Emigranten lebte dort auch Sigmund Freud. In London vertiefte Motesiczky die Freundschaft mit Oskar Kokoschka, den sie schon aus Jugendtagen in Wien kannte und verliebte sich in den Schriftsteller Elias Canetti. Motesiczky ist die Adressatin von Canettis posthum veröffentlichter Aphorismensammlung *Aufzeichnungen für Marie-Louise – Notizen aus der Zeit des Blitzkrieges 1942*. Der spätere Nobelpreisträger hielt seine Freundin für eine »sehr große Malerin«: »Jedes Bild, das du malst, wird in die Kunstgeschichte eingehen.« Motesiczkys Bildnis von Canetti hängt in der National Portrait Gallery in London. 1986 malte sie auch den Weingutsbesitzer Baron Philippe de Rothschild, die Schriftstellerin Iris Murdoch hatte sie bereits 1964 porträtiert. Murdoch fand sich hervorragend getroffen.

»Selbstporträt mit Kamm«, 1926

»Ich finde es wunderbar, schrecklich, so traurig und furchterregend, ich mit den Dämonen. Woher wußte sie das?«

Zweifellos genoss die emigrierte Künstlerin in Großbritannien, wo ihre Ausstellung im Goethe-Institut 1958 enorme Resonanz gefunden hatte, größeres und vor allem früheres Ansehen als in Österreich. In Wien waren ihre Bilder erst 1966 zu sehen. Als 1994 – ein letzter Triumph für die Künstlerin – die Österreichische Galerie im Wiener Belvedere eine Retrospektive ihres Werks zeigte, galt Marie-Louise von Motesiczky schon als eine der wichtigsten österreichischen Malerinnen des 20. Jahrhunderts.

Louise von Motesiczky spiegelt die radikalen Umbrüche eines Jahrhunderts zwischen Wien und London – und das Motiv des Spiegels ist auch in ihrem Werk immer wieder anzutreffen. Ihr Œuvre zeigt, dass ihre Verbindung mit Max Beckmann, Oskar Kokoschka und Elias Canetti für sie eine stete Quelle der Inspiration war. Zeit ihres Lebens der gegenständlichen Malerei verhaftet, befasste sie sich hauptsächlich mit der Porträtmalerei. Besonders gelobt werden ihre schonungslosen und doch würdevollen Bildnisse ihrer hochbetagten Mutter. Daneben schuf sie Gartenbilder, Landschaften und Stillleben – von ihrem siebzehnten bis zu ihrem neunzigsten Lebensjahr war sie als Malerin tätig. »Wenn man nur ein einziges gutes Bild malt, solange man lebt, war es das ganze Leben wert«, sagte sie einmal. Marie-Louise von Motesiczky starb 1996 in London. Aus Anlass des hundertsten Geburtstags der Künstlerin wurde ihr Schaffen in den Jahren 2006 und 2007 mit einer großen Wanderausstellung durch die Städte ihrer Lebensstationen umfassend gewürdigt.

Katja Behling

Else Lasker-Schüler

1869–1945

»Immer muß ich wie der Sturm will,
bin ein Meer ohne Strand.«

Eine, die nur zu gut in die Künstlergesellschaft auf dem Monte Verità passte, war Else Lasker-Schüler. Mit ihren pechschwarzen und, was zu der Zeit noch selten war, kurz geschnittenen Haaren, ihren Pluderhosen, Hals und Arme behängt mit Glasperlenschmuck und Glöckchen an den Füßen, ein anderes Mal mit Federbusch oder Turban auf dem Kopf und um den Körper eine drapierte Schärpe, war sie stets eine extravagante Erscheinung. Bühne frei für Else Lasker-Schüler: Sie inszenierte sich als die fantastische Hauptdarstellerin in einem Theaterstück namens Leben, das sie mit prächtigen Fantasiefiguren bevölkerte. Als »Prinz Jussuf von Theben« trug sie Kniehosen, Knöpfstiefel, einen Kasack und dazu einen Gürtel, in dem ein Dolch steckte – und blies dazu die Flöte. Dass sie Else Lasker-Schüler war und »Prinz von Theben«, war ihre stete Wunde und künstlerische Inspiration zugleich.

Populär wurde die Lebenskünstlerin vor allem als Dichterin, viel weniger bekannt ist, dass sie auch zeichnete und ihre Werke illustrierte. Geboren wurde sie 1869 im rheinländischen Elberfeld als Elisabeth Schüler in einer jüdischen Familie. Schon in früher Kindheit begann sie zu zeichnen; ihr Onkel und der ältere Bruder waren Maler. Mit fünfundzwanzig heiratete sie den Arzt Berthold Lasker; das Paar zog 1894 zur Freude Elses nach Berlin, wo ihre künstlerischen Neigungen endlich zur Entfaltung kommen konnten. Nach ersten literarisch-lyrischen Versuchen nahm die junge Ehefrau um 1895 Zeichenunterricht bei dem Max-Liebermann-Schüler Simson Goldberg und richtete sich, unterstützt von ihrem Mann, ein Atelier ein. Über ihren Lehrer Goldberg lernte Lasker-Schüler andere mehr oder minder exzentrische Künstler und Bohemiens kennen und geriet bald auch unter den Einfluss der Avantgarde der deutschen Expressionisten. Ihr künstlerisches Genie trat nun ebenso offensichtlich zutage wie ihr Hang zum Bizarren, Visionären, sogar Halluzinatorischen – hart, so ein Freund über die Exaltierte – »an der Grenze des Irrsinns«. Die Geburt ihres Sohnes fiel zeitlich mit den ersten Veröffentlichungen der Dreißigjährigen in angesehenen Zeitschriften und Magazinen zusammen, ihr 1902 erschienener Gedichtband *Styx* wurde von der Kritik jedoch abgelehnt. Nach der Trennung von Lasker 1903 heiratete sie noch im selben Jahr den

RECHTS: *Else Lasker-Schüler im Jahre 1894 als Braut des Arztes Berthold Lasker*

UNTEN: *»Jussuf reitet auf einem Kamel durch die Wüste«, eine Anspielung auf ihr Alter Ego »Jussuf, Prinz von Theben«*

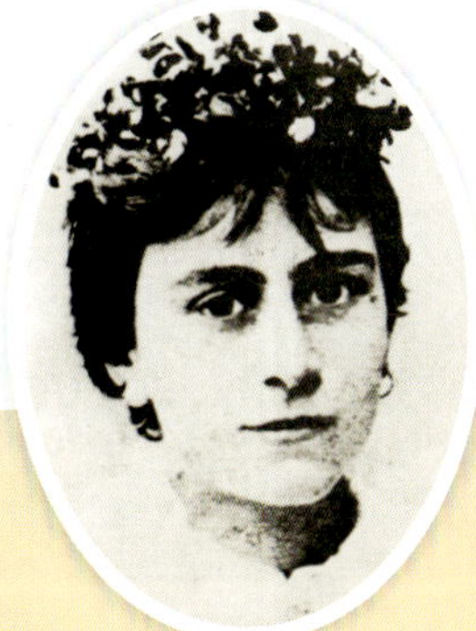

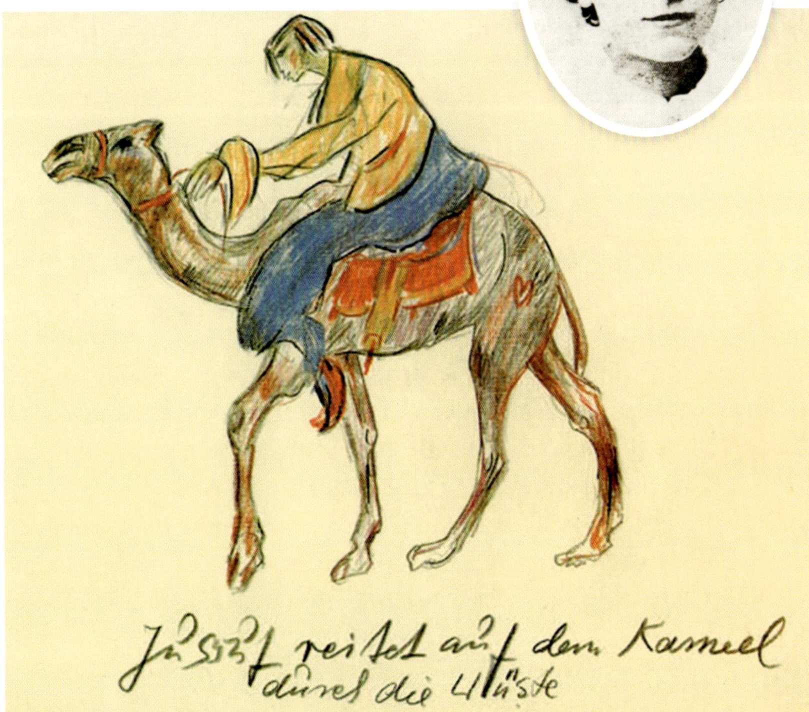

Literatur- und Kunstkritiker Georg Levin, bekannter unter dem Namen Herwarth Walden und als Herausgeber der wichtigsten expressionistischen Zeitschrift *Der Sturm*. In den folgenden Jahren hatte auch Lasker-Schüler ihren Durchbruch, und 1911 galt sie als die führende deutsche Expressionistin.

Als »Jussuf, Prinz von Theben«, unterzeichnete sie viele ihrer mit Stern und Mondsichel verzierten Briefe. Häufig fertigte Else Skizzen für Freunde an, auch als Dank für finanzielle Unterstützung. Denn wenngleich sie hin und wieder eines ihrer Bilder verkaufte, reichten Elses Einnahmen oft nicht für das Nötigste, weswegen die Künstlervereinigung »Der Blaue Reiter« einmal sogar eine Auktion zu ihren Gunsten veranstaltete. Die Künstler aus dieser Expressionisten-Gruppe gehörten zu Elses engeren Freunden, wovon auch eine Geste des »Blauen Reiters« Franz Marc zeugt: Als die Künstlerin nach der Scheidung von ihrem zweiten Ehemann Herwarth Walden in tiefe Verzweiflung stürzte, malte Franz Marc für sie jene Postkarten, die als »Botschaften an den Prinzen Jussuf« berühmt wurden. Else schrieb und zeichnete oft in Cafés. Als Poetin auch der Zeichenfeder illustrierte Else Lasker-Schüler viele ihrer Werke eigenhändig, wobei Text und Bild eng verwoben und aufeinander verweisend nebeneinander, manchmal geradezu ineinander stehen. Das Schriftbild war für Else Lasker-Schüler ebenso Kunstwerk wie die Bildschrift. Als Paul Cassirer nach dem Ersten Weltkrieg eine zehnbändige Ausgabe ihrer Werke veröffentlichte, entwarf Lasker-Schüler die Einbände.

Viele ihrer Arbeiten sind in alle Welt verstreut, mehr als 100 zwischen 1914 und 1936 entstandene Zeichnungen aber gehörten bis 1937 zum Bestand der Berliner Nationalgalerie, bevor die Nationalsozialisten sie als »entartet« entfernten. Ihre Zeichnungen waren kunterbunt, gleichwohl spielte die Farbe Blau eine besondere Rolle. Blau, die Farbe der Sehnsucht, der Unendlichkeit, war ihrer Meinung nach die Lieblingsfarbe Gottes. Manchmal bezeichnete sie sich in Briefen als Indianerhäuptling »Blauer Jaguar«. Ihr berühmtes Gedicht *Mein blaues Klavier* zeugt von Lasker-Schülers Sehnsucht, bringt ihren Zustand der Verlassenheit, ihr Gefühl der Hoffnungslosigkeit in ein bewegendes – blaues – Bild.

Als sie nach Hitlers Machtergreifung 1933 in die Schweiz floh, befand sich die Vierundsechzigjährige, die 1932 den renommierten Kleist-Preis erhalten hatte, auf dem Höhepunkt ihrer Karriere. Nun mit Schreibverbot belegt, lebte sie auch vom Verkauf ihrer Zeichnungen. Sie stand in Kontakt zu den vielen Künstlern von Ascona. Zu Elses engeren Freunden auf dem Monte Verità gehörte die Ausdruckstänzerin Mary Wigman. Als ihr im Juli 1938 die deutsche Staatsbürgerschaft entzogen wurde und die Schweiz ihr ein neues Visum verweigerte, emigrierte Else Lasker-Schüler nach Palästina. Es war eine Reise ohne Wiederkehr. In einem Brief aus dem Jahr 1939 bezeichnete die mittellose Siebzigjährige ihr einsames Dasein als »ein fast unerträgliches«. Wie unerträglich, davon zeugt eine ihrer letzten Zeichnungen auf dem karierten Papier eines Notizhefts: eine Bleistiftzeichnung von einer Gestalt in langem Gewand mit dem Profil des Jussuf von Theben, die sich an einem Baum erhängt hat. Darunter steht: »Im Grauen der Einsamkeit«. Else Lasker-Schüler starb im Januar 1945 in Jerusalem. Zu Ehren ihres 50. Todestags gab es Ausstellungen in Bonn, Zürich und Jerusalem.

Katja Behling

ANHANG

Verzeichnis der Museen

Clara Arnheim
Inselmuseum der Insel Hiddensee, Kirchweg 1
D-18565 Kloster/Insel Hiddensee
www.heimatmuseum-hiddensee.de

Katharina Bamberg
Kulturhistorisches Museum der Hansestadt Stralsund
Mönchstraße 25–27
D-18439 Stralsund
www.stralsund.de

Alma del Banco
Kunsthalle Hamburg
Glockengießerwall 1
D-20095 Hamburg
www.hamburger-kunsthalle.de

Charlotte Berend-Corinth
Lentos Kunstmuseum Linz
Ernst Koref Promenade 1
A-4020 Linz
www.lentos.at

Tina Blau
Museum Pfalzgalerie Kaiserslautern
Museumsplatz 1
D-67657 Kaiserslautern
www.pfalzgalerie.de

Belvedere Wien
Prinz Eugen-Straße 27
A-1030 Wien 3
www.belvedere.at

Marie Bock
Worpsweder Kunsthalle
Bergstraße 17
D-27726 Worpswede
www.worpsweder-kunsthalle.de

Louise Breslau
Musée d'Orsay
1, rue de la Légion d'Honneur
F-75007 Paris
www.musee-orsay.fr

Elisabeth Büchsel
Inselmuseum der Insel Hiddensee, Kirchweg 1
D-18565 Kloster/Insel Hiddensee
www.heimatmuseum-hiddensee.de

Helene Funke
Lentos Kunstmuseum Linz
Ernst Koref Promenade 1
A-4020 Linz
www.lentos.at

Anna Klein
Dachauer Galerien und Museen
Augsburger Straße 3
D-85221 Dachau
www.dachauer-galerien-museen.de

Broncia Koller
Belvedere Wien
Prinz Eugen-Straße 27
A-1030 Wien
www.belvedere.at

Heimatmuseum Oberwaltersdorf
Badenerstraße 24
A-2522 Oberwaltersdorf
www.oberwaltersdorf.at

Käthe Kollwitz
Käthe Kollwitz Museum
Neumarkt 18–24
D-50667 Köln
www.kollwitz.de

Maria Langer-Schöller
Dachauer Galerien und Museen
Augsburger Straße 3
D-85221 Dachau
www.dachauer-galerien-museen.de

Else Lasker-Schüler
Kunstmuseum Baden
Sammlung Jürgen Serke
»Die verbrannten Dichter«
Wuppertaler Straße 160
D-42653 Solingen-Gräfrath
www.museum-baden.de

Käte Lassen
Museumsberg Flensburg
Museumsberg 1
D-24937 Flensburg
www.museumsberg-flensburg.de

Henni Lehmann
Henni-Lehmann-Haus
Wiesenweg 2
D-18565 Vitte/Insel Hiddensee
www.heimatmuseum-hiddensee.de

Inselmuseum der Insel Hiddensee, Kirchweg 1
D-18565 Kloster/Insel Hiddensee
www.hiddensee-kultur.de

Paula Modersohn-Becker
Kunsthalle Bremen
Am Wall 207
D-28195 Bremen
www.kunsthalle-bremen.de

Kunstsammlungen Böttcherstraße
Paula Modersohn-Becker-Museum
Böttcherstraße 6–10
D-28195 Bremen
www.pmbm.de

Marie-Louise von Motesiczky
Belvedere Wien
Prinz Eugen-Straße 27
A-1030 Wien
www.belvedere.at

Gabriele Münter
Städtische Galerie im Lenbachhaus
Luisenstraße 33
D-80333 München
www.lenbachhaus.de

Murnau-Haus
Kottmüllerallee 6
D-82418 Murnau
www.murnau.de
www.muenter-stiftung.de

Johanna Oppenheimer
Stadtmuseum Fürstenfeldbruck
Fürstenfeld 7e
D-82256 Fürstenfeldbruck
www.stadtmuseum-ffb.de

Clara von Rappard
Kunstmuseum Bern
Hodlerstraße 12
CH-3011 Bern
www.kunstmuseumbern.ch

Anita Rée
Kunsthalle Hamburg
Glockengießerwall 1
D-20095 Hamburg
www.hamburger-kunsthalle.de

Clara Rilke-Westhoff
Kunsthalle Hamburg
Glockengießerwall 1
D-20095 Hamburg
www.hamburger-kunsthalle.de

Kunsthalle Bremen
Am Wall 207
D-28195 Bremen
www.kunsthalle-bremen.de

Clara Siewert
Kunstforum Ostdeutsche Galerie
Dr.-Johann-Maier-Straße 5
D-93049 Regensburg
www.kunstforum.net

Sophie Taeuber-Arp
Stiftung Arp
Museum Bahnhof Rolandseck
Bonner Straße 58
D-53424 Rolandseck
www.arpmuseum.org

Marianne Werefkin
Städtische Galerie im Lenbachhaus
Luisenstraße 33
D-80333 München
www.lenbachhaus.de

Museo Comunale d'arte moderna
Via Borgo 34
CH-6612 Ascona
www.museoascona.ch

Paula Wimmer
Dachauer Galerien und Museen
Augsburger Straße 3
D-85221 Dachau
www.dachauer-galerien-museen.de

Julie Wolfthorn
Staatliche Museen zu Berlin
Alte Nationalgalerie
Bodestraße 1–3
D-10178 Berlin
www.alte-nationalgalerie.de

Augusta von Zitzewitz
Landesmuseum für Moderne
Kunst, Fotografie und Architektur
Alte Jakobstraße 124–128
D-10969 Berlin
www.berlinischegalerie.de

Die Werke von Elisabeth von Eicken, Anna Gerresheim und Helene Neumann befinden sich in Privatbesitz.

Register

Am Ende, Hans 22f., 52
Arnheim, Clara 39, 42, 46, 47–50
Arp, Hans 19f., 110, 118, 119–123

Bashkirtseff, Marie 11, 129
Bamberg, Katharina 39–42, 50
Becker siehe Modersohn-Becker
Beckmann, Max 146–149
Berend-Corinth, Charlotte 75, 86–88
Berteaux, Léon Hélène 12
Biel, Antonie 38, 48
Bischoff-Culm, Ernst 59f.
Blau, Tina 30, 135, 140f.
Bock, Marie 23f., 28–31
Böcklin, Arnold 117, 127f.
Breling, Heinrich 32f.
Breslau, Louise 117, 129–133
Büchsel, Elisabeth 39, 43–46, 48ff.

Canetti, Elias 148f.
Cassatt, Mary 11–13, 130, 143
Cézanne, Paul 17, 26, 33, 65, 147
Corbaz, Aloïse 117
Corinth, Lovis 20, 59, 85, 86–88, 93, 97

Degas, Edgar 10, 129
del Banco, Alma 64–67

Eicken, Elisabeth von 52, 54, 56–58
Ernst, Max 121f., 145

Freud, Sigmund 134, 136–138, 147f.
Funke, Helene 135, 142–144

Gauguin, Paul 17, 109
Gerresheim, Anna 53–55, 56

Hauptmann, Gerhart 38, 90, 118
Heckel, Erich 52
Hesse, Hermann 118, 144
Hitz, Dora 75, 76, 83
Hölzel, Adolf 18, 93, 97f.

Jawlensky, Alexej 105f., 107–111, 114, 118

Kandinsky, Wassily 103, 105f., 108–110, 112–116
Kirchner, Ernst Ludwig 85, 145
Klee, Paul 103, 111, 118, 146
Klein, Anna 93, 94–96
Klimt, Gustav 19, 134f., 136–139, 141
Kokoschka, Oskar 19, 134f., 148f.
Koller, Broncia 134, 135–139
Kollwitz, Käthe 49, 72, 76, 85, 89–91
Kruse-Lietzenburg, Oskar 39

Langer-Schöller, Maria 93, 97f.
Lasker-Schüler, Else 19, 39, 88, 108, 118, 146, 150–153
Lassen, Käte 63, 70–73
Lehmann, Henni 39, 42, 46, 47–50
Lenbach, Franz von 105
Liebermann, Max 20, 68, 75, 85, 93, 150

Macke, August 114
Mackensen, Fritz 22f., 30, 34f.
Mahler, Gustav 134
Manet, Èdouard 10, 103
Mann, Thomas 39, 59, 82, 103
Marc, Franz 23, 65, 92, 95, 106, 152
Matisse, Henri 65, 67, 97f., 120, 142
Menzel, Adolf von 125f.
Modersohn, Otto 22f., 24–27, 29, 31, 32f., 35
Modersohn-Becker, Paula 11, 14, 24–27, 32, 35, 44, 71, 112, 132, 146
Morisot, Berthe 10f., 103, 127
Motesiczky, Marie-Louise von 146, 147–149
Müller-Kaempff, Paul 51f., 56
Münter, Gabriele 85, 105f., 108, 112–116, 142

Neumann, Helene 61–62
Nolde, Emil 70

Oppenheimer, Johanna 102–104
Overbeck, Fritz 22f., 29ff., 32

Pechstein, Max 85, 101, 145
Pissarro, Camille 10

Rappard, Clara von 117, 124–128
Rée, Anita 64, 68f., 146
Rilke, Rainer Maria 18, 23, 26, 34–37, 81, 103
Rilke-Westhoff, Clara 23f., 28ff., 34–37
Rodin, Auguste 35f., 40, 44, 91

Schiele, Egon 19, 135, 138
Schleich, Eduard 92
Schmidt-Rottluff, Karl 60, 145
Schnitzler, Arthur 134
Siewert, Clara 74, 83–85
Sinnhuber, Margarethe 59
Slevogt, Max 20, 85, 93
Spitzweg, Carl 92
Stein, Gertrude 144

Taeuber-Arp, Sophie 19f., 119–123,

Uhde, Fritz von 18, 93

Van Gogh, Vincent 17, 26, 33, 142, 147
Vinnen, Carl 22, 29
Vogeler, Heinrich 22f., 29f., 34ff.

Walther, Emmi 93
Werefkin, Marianne 19, 52, 105, 107–111, 113f., 116, 118
Westhoff siehe Rilke-Westhoff
Wimmer, Paula 99–101
Wolfthorn, Julie 39, 50, 75, 76–79, 132

Zitzewitz, Augusta von 39, 50, 74, 80–82, 132

Bildnachweis

Archiv Broncia Koller, Oberwaltersdorf: Seite 138 links
Archiv für Kunst und Geschichte, Berlin: 26 links, 30 rechts, 69, 138 rechts, 141, 143 (Peter Funke), 151 oben
Archiv Dr. Eberhard Neumann von Meding, Berlin: 59, 62
Archiv Anette von Zitzewitz, Berlin: 81 links
Bildarchiv Preußischer Kulturbesitz, Berlin: 115 unten
The Bridgeman Art Library, Berlin: 32, 35 rechts, 131 links
Deutsches Literaturarchiv Marbach: 7 links, 77
Gemäldegalerie Dachau: 7 rechts, 95 (Peter Brunner)
Käthe Kollwitz Museum, Köln: 90
Kulturhistorisches Museum Stralsund: 41
Kunstforum Ostdeutsche Galerie Regensburg, Leihgabe der Bundesrepublik Deutschland: 84, 87 links
Paula Modersohn-Becker-Stiftung, Bremen: 26 rechts
Marie-Louise von Motesiczky Charitable Trust, London: 148
Musée cantonal des Beaux-Arts, Lausanne: 1, 131 rechts
Museumsberg Flensburg: 73
Stadt Dachau: 7 Mitte, 100
Städtische Galerie im Lenbachhaus, München: 109, 115 oben
Stadtmuseum Fürstenfeldbruck: 103
Stiftung Hans Arp und Sophie Taeuber-Arp e.V., Remagen-Rolandswerth: 121
Süddeutsche Zeitung Photo, München: 19, Umschlagrückseite rechts
ullstein bild, Berlin: Umschlagabbildung, 6 rechts, 79, 81 rechts
Verlag Atelier im Bauernhaus, Fischerhude: 6 links, 35 links, 45 oben, 49 oben, 51, 55, 57
VG Bild-Kunst, Bonn 2024: 45 oben, 115 oben

Carola Muysers (Hg.), Clara von Rappard. Freilichtmalerin 1857–1912
Museum Schloss Jegenstorf, Bern 1999: 127 links

Alle weiteren Abbildungen stammen aus Privatbesitz oder dem Archiv des Insel Verlags.

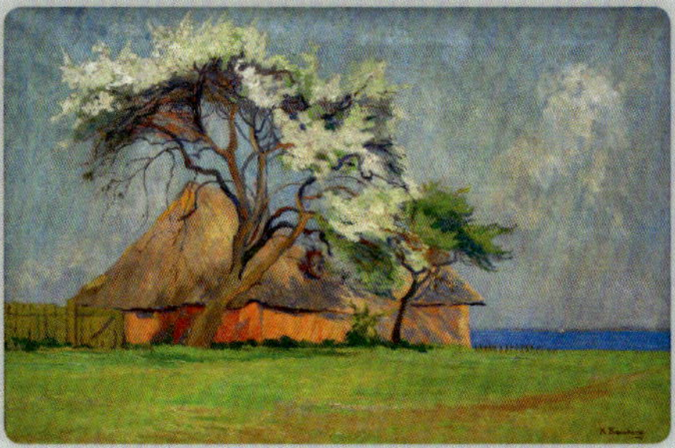